中国特色
社会主义收入分配问题研究

Research on Income Distribution of Socialism with Chinese Characteristics

赵满华 著

中国财政经济出版社

图书在版编目（CIP）数据

中国特色社会主义收入分配问题研究/赵满华著．—北京：中国财政经济出版社，2010．3

ISBN 978－7－5095－1981－3

Ⅰ．中…　Ⅱ．赵…　Ⅲ．收入分配－研究－中国　Ⅳ．F124.7

中国版本图书馆 CIP 数据核字（2010）第 012916 号

责任编辑：周桂元　　　　责任校对：胡永立

封面设计：楚　楚　　　　版式设计：董生萍

中国财政经济出版社 出版

URL：http：//www. cfeph. cn

E－mail：cfeph @ cfeph. cn

社址：北京市海淀区阜成路甲 28 号　邮政编码：100142

发行处电话：88190406　财经书店电话：64033436

北京财经印刷厂印刷　　各地新华书店经销

880×1230 毫米 32 开　10 印张　181 000 字

2010 年 3 月第 1 版　2010 年 3 月北京第 1 次印刷

定价：20.00 元

ISBN 978－7－5095－1981－3/F・1959

（图书出现印装问题，本社负责调换）

本社质量投诉电话：010－88190744

前言

FOREWORD

个人收入分配是经济学研究的一个重要课题，也是全社会关注的一个焦点问题，资本主义社会如此，社会主义社会也不例外。马克思在《资本论》中对资本主义收入分配关系进行了科学的分析，深刻地揭示了资本主义的剥削本质。在我国社会主义市场经济体制建立过程中，经济理论界围绕收入分配问题进行了广泛而热烈的讨论，从恢复按劳分配到按劳分配为主、多种分配方式并存格局的确立，从生产要素按贡献参与分配到公平分配原则的贯彻落实，收入分配理论研究方面的每一个进步和创新，都渗透着经济理论研究工作者孜孜不倦的探索精神。

1988 年，我从河南大学经济学院（原经济研究所）研究生毕业以后，在收入分配理论方面做了一些探索，曾主持完成两项收入分配方面的国家社会科学基金课题，一项是“九五”规划项目

“我国现阶段城乡居民收入差距的实证考察与对策研究”，另一项是“十五”规划项目“收入差距与两极分化问题研究”。另外，我在报刊上发表了一些收入分配理论研究、收入差距和劳动就业方面的研究论文。把这些成果汇集成册，一是为从事收入分配问题研究的经济理论工作者提供一些研究素材和参考资料，作为进一步深入研究的引玉之砖；二是感谢我的研究生导师周守正教授（已故）和许兴亚教授（现为河南大学经济学院博士生导师）。没有导师对我的教诲和培养，我不会从一个英语本科毕业生成长为一名经济理论教学和研究工作者，也不会在经济理论研究方面取得任何成绩。

本书分为三篇。第一篇是“按劳分配相关问题研究”，涉及社会主义按劳分配的可行性、社会主义市场经济中按劳分配的特点、社会主义市场经济与按劳分配的相互关系等内容；第二篇为“收入差距与公平分配问题研究”，包括我国现阶段城乡居民收入差距、如何正确认识收入差距、两极分化问题、如何实现公平分配等方面的探讨；第三篇“劳动就业问题研究”，围绕如何扩大就业、解决“在职失业”、社会主义社会中劳动力是否商品、社会主义资本范畴等问题展开分析。

本书是作者近年来在《当代经济研究》、《经济问题》、《生产力研究》、《山西大学学报》、《山西财经大学学报》、《理论探索》、《经济师》、《太原师范学院学报》等杂志发表的有关收入分配理论、收入差距、劳动就业等方面的一些论文汇编。本次出版基本保持了论文发表时的“原貌”。

改革开放30年来，我国社会经济发展和人民生活水平都发生了翻天覆地的变化，中国特色社会主义理论体系初步形成并逐步完善。文集以《中国特色社会主义收入分配问题研究》为书名出版，其目的是引起经济理论界对我国现阶段收入分配问题的关注，进一步深化收入分配相关问题的研究和探索，最终形成与马克思主义政治经济学一脉相承的、具有时代特点的、符合国情的中国特色社会主义收入分配理论，丰富马克思主义理论宝库，丰富中国特色社会主义理论体系。

赵满华

2009年11月18日于太原师范学院

目录

Contents

第三篇　劳动就业问题研究

导　论

我国现阶段收入差距与公平分配问题研究

Introduction

On Current Income Gap and Fair Distribution in China

收入分配是社会经济运行的一个重要方面，是宏观调控的一个重要内容，也是全社会关注的一个焦点问题。收入分配的状况如何，不仅影响到经济发展的速度和效率，而且影响到人们的切身利益，影响到社会的和谐和稳定。随着我国经济体制改革的深入，收入分配领域存在的问题凸显出来。党中央、国务院对此高度重视，提出要“完善收入分配制度，规范收入分配秩序”，“在经济发展的基础上，更加注重社会公平”，“构建科学合理、公平公正的社会收入分配体系”。下面作者在简述收入分配的基本理论、回顾我国收入分配体制演变的基础上，围绕收入差距和公平分配问题展开探讨。

一、收入分配的基本理论与理论探索的简要回顾

（一）收入分配——经济学研究的重要课题

分配是社会再生产的一个重要环节，是国民经济活动的一个重要领域。无论是马克思主义政治经济学，还是古典政治经济学或现代西方经济学，都把分配问题作为重要的研究内容。

威廉·配第是英国古典政治经济学的创始人，虽然他没有形成一套完整的经济理论体系，但阐述了与收入分配相关的工资、地租和货币租金理论。亚当·斯密是古典政治经济学最杰出的代表，在其代表作《国民财富的性质和原因的研究》一书中，不仅研究了国民财富的性质及其产生的原因，而且论述了与收入分配相关的经济范畴，形成了具有二元特征的三种收入理论。古典政治经济学的完成者大卫·李嘉图非常重视分配问题，主张把社会产品如何分配规定为政治经济学的研究对象。

马克思主义政治经济学把社会再生产过程分为生产、交换、分配、消费四个环节，分配成为联结生产与消费的桥梁，在社会再生产过程中起着重要的作用。在马克思的巨著《资本论》中，第三卷是专门研究分配

问题的，内容丰富，篇章最多。其中的第七篇“各种收入及其源泉”是对《资本论》的总结。马克思还在《哥达纲领批判》、恩格斯在《反杜林论》等著作中都对分配问题进行了精辟的论述和深入的研究。列宁没有专门论述分配问题，但在社会主义实践中，他把战时共产主义政策转变为新经济政策，实际上是恢复贸易自由，以粮食税代替余粮收集制，进行利益关系和分配格局的调整。

现代西方经济学认为，用稀缺的资源生产物品满足人类的需要，任何国家都面临着三个基本问题：一是生产什么产品和劳务，生产多少；二是如何生产这些产品和劳务；三是为谁生产这些产品和劳务。因此，现代西方经济学在研究资源配置的基础上，把分配问题作为重要内容来研究。微观经济学中的生产要素价格理论、宏观经济学中的收入政策等都是有关收入分配方面的理论。

著名经济学家萨缪尔森在再版多次的《经济学》一书中写道：“经济学研究社会如何使用稀缺资源来生产有价值的商品，并将它们在不同个人之间进行分配”[①]。首先研究怎样发展生产，然后研究怎样分配，我国不少知名的经济学家也持有此种观点。如有的学者认为“任何社会的经济活动基本可以概括为财富的创

① 萨缪尔森、诺德豪斯著，胡代光、余斌、张军扩、何振华、吴珠华、汪洪、田正育译：《经济学》（第14版），首都经济贸易大学出版社1996年版，第5页。

造与分配的互动过程，财富如何被创造与分配，是社会进步水平或程度的重要标志之一。”[①] 还有的学者甚至认为“公平分配是经济学的最难题”[②]。

因此，蛋糕做成后怎样进行分配，是经济学研究的重要课题。正如马克思所说，“人们奋斗所争取的一切，都同他们的利益有关。”[③]

（二）有关收入分配的基本理论

1. 生产与分配的辩证统一关系。分配是把生产经营成果分归为社会各个经济利益主体占有和支配的活动。没有生产，就没有分配，生产决定分配，但分配对生产具有反作用。在不同经济利益主体存在的条件下，分配对生产具有极大的反作用。因此，在做大蛋糕的同时，要把蛋糕分好，这样，国民财富才能不断增长，蛋糕才能越做越大，人们才能越来越富。否则，蛋糕没人去做，一个社会也就失去了存在的基础，更难以延续和发展。

2. 不同视角中的收入分配。日常生活中人们谈论

---

① 高尚全：“深化分配制度改革需要渐进而行”，《21世纪经济报道》2006年11月3日。

② 沈立人：“公平分配——经济学的最难题”，《南京经济学院学报》2001年第4期。

③ 《马克思恩格斯全集》第1卷，人民出版社1961年版，第82页。

较多的是个人收入分配，实际上这只是狭义的分配，仅仅包括消费品的分配。研究个人收入分配，主要是分析财富在各类家庭或社会阶层之间的收入分配状况及变动趋势。广义的分配是指生产资料和消费品的分配。有的学者还把文化、名誉、社会地位等精神财富的分配也囊括其中。先于生产的生产资料的分配实际上是生产资料归谁所有的问题，属于生产本身，不属于收入分配研究的内容。随着经济的发展和社会的进步，温饱问题得到解决，小康生活已经实现，人们追求的目标逐步提升，精神财富的分配将会受到越来越多的关注。

3. 不同层次的分配范畴。从财富的创造到最终的享有和使用，要经过初次分配和再分配，有的学者将其称为第一次分配和第二次分配。国民收入的初次分配是通过市场实现的，在生产部门进行，参与分配的主体有政府、企业和个人，形成的是政府的财政收入，企业的盈利和个人的收入。在初次分配的基础上，还要进行国民收入的再分配，以满足非物质生产部门、社会保障、政府行使社会管理职能等方面的需要。再分配是通过政府调节进行的，主要实现途径是政府的财政支出，包括科教、文卫、国防与行政、转移支付、经济建设等方面的支出。随着收入差距的扩大和富裕群体的出现，理论界呼吁富人在自愿的基础上拿出自己的部分财富，通过慈善等渠道捐赠给社会，帮助穷人改善生活、教育和医疗条件，于是形成了第三次分配。第三次分配有助于提升社会道德水准，增进每个公民的社会责任感。

4. 积累与消费。从国民收入分配的最终用途来看，一方面是用于个人消费的消费基金，另一方面是用于扩大再生产、非生产性基本建设的积累基金。在国民收入一定的情况下，消费过多，虽然人们的收入增加，生活改善，但积累就会减少，生产发展后劲不足；若积累过多，虽然生产规模得以扩大，但人们的生活难以改善，收入减少，消费品短缺，生产积极性受到影响。因此，要妥善处理好积累与消费之间的辩证关系，在两者同时兼顾、适度增长的基础上，以人为本，优先考虑居民生活水平的提高和生活质量的改善。

5. 市场经济中的财富分配。在市场经济条件下，劳动、资本、技术、管理等生产要素在社会财富的创造中都起了重要作用，而且生产要素的稀缺性与所有者的不同性，决定了生产要素按照贡献参与分配的必然性。这种分配机制有利于财富的创造和市场的有效运行，有利于劳动者之间的公平竞争。生产要素按贡献参与分配，并不是在各种不同的生产要素之间画等号，在某一社会或某一社会的不同发展阶段，是以某一种生产要素分配为主。

（三）理论探索的简要回顾

1. 有关按劳分配的讨论。有关按劳分配的讨论从

20世纪50年代开始，一直延续到现在，涉及的内容包括：什么是按劳分配，按劳分配是不是社会主义的分配规律，按劳分配的客观必然性，生产资料公有制与按劳分配是不是因果关系[①]，商品经济条件下按劳分配的特点[②]，按劳分配有没有资本主义因素，按劳分配与工资差距，按劳分配与思想政治工作等[③]。以下三个问题的讨论时间比较长、影响面比较大：

（1）如何理解按劳分配的"劳"。基本观点可以概括为三种：一是劳动三形态说，即从潜在形态的劳动、流动形态的劳动或凝结形态的劳动来认识按劳分配的"劳"，或从三种形态的劳动进行综合考察；二是劳动力价值说。该观点认为按劳分配就是按劳动力价值分配，"劳"是指劳动力价值；三是有效劳动说。20世纪80年代，随着我国商品经济的发展和有计划商品经济的确立，越来越多的学者认为，按劳分配的"劳"是为社会所承认的有效劳动，这就把按劳分配与经济形式联系起来，得到理论界的共同认可。

（2）按劳分配的具体实现形式。传统观点认为，按劳分配的实现形式是单一的，也是固定不变的，其结果是按劳分配难以落实。改革后农村实行了家庭承包责

---

① 张问敏："关于按劳分配理论的思考"，《经济研究》1987年第2期。

② 曾亚强："社会主义商品生产条件下的按劳分配"，《复旦学报》1985年第2期。

③ 胡乔木："关于按劳分配的几个问题"，《经济学动态》1978年第8期。

任制，包干到户是不是按劳分配？[①] 经过讨论，人们达成共识：按劳分配的具体实现形式灵活多样，包括家庭联产承包责任制、效益工资、浮动工资、结构工资、计件工资、小时工资、岗位工资、奖金等等，具体实现形式的变化不会影响按劳分配的本质。

（3）按劳分配与商品经济的关系。第一种观点是矛盾论，认为“按劳分配与发展商品经济二者不可兼得”，“要真正发展商品经济，就必须放弃按劳分配原则；反之，要坚持按劳分配原则，就不能开放劳动力市场”。[②] 第二种观点是统一论，认为“承认差别是按劳分配原则的基本要求，但是在不存在商品生产的社会里，却不存在区分劳动差别的社会经济机制”。按劳分配在产品经济中不能实现，只有在商品经济中才能实现[③]。

2. 按生产要素分配。1997 年 9 月召开的党的十五大提出，“坚持按劳分配为主体、多种分配方式并存的制度”，“把按劳分配和按生产要素分配结合起来”。党的十六大提出“确立劳动、资本、技术和管理等生产要素按贡献参与分配的原则，完善按劳分配为主体、多种分配方式并存的分配制度。”2006 年 10

① 张问敏：“包干到户是按劳分配吗？”，《经济学周报》1982 年 1 月 18 日。

② 钟朋荣：“论按劳分配与商品经济的矛盾”，《江汉论坛》1987 年第 1 期。

③ 李斌：“按劳分配原则在商品经济中才能真正实现”，《中国社会科学》1988 年第 2 期。

月11日党的十六届六次会议通过的《关于构建社会主义和谐社会若干重大问题的决定》指出，要完善劳动、资本、技术、管理等生产要素按贡献参与分配的制度。

理论界也围绕按劳分配与按生产要素分配问题展开了广泛的讨论。

（1）如何理解按生产要素分配。首先是包括哪些生产要素。多数学者认为，这里所指的生产要素包括劳动、资本、技术、管理等，但有的学者将这里的生产要素理解为劳动力、资本、技术、管理等①。

其次是怎样操作。有的学者认为按生产要素分配就是按生产要素的数量和质量进行分配；还有的认为是按生产要素的"贡献"分配②；另一些学者认为，从质的规定性上是按生产要素的所有权分配，从量的规定性上是按生产要素的贡献分配，同时也可以按生产要素的数量和质量分配③。

最后是逻辑关系。有的学者提出，按生产要素分配没有分配的主体；还有的学者认为，按生产要素分配已包括按劳分配，"把按劳分配和按生产要素分配结合起来"，前后逻辑关系混乱；另一些学者认为，按生产要

---

① 张晖："浅谈按生产要素分配"，www. sxdaily. com. cn2004 - 01 - 21。

② 余陶生："评物化劳动创造价值和按生产要素分配"，《武汉大学学报（哲学社会科学版）》1997年第2期。

③ 杨欢进："马克思逻辑中的按生产要素分配"，参阅 www. lw90. com。

素分配没有明确是按生产要素的数量、质量或贡献进行分配。

（2）按生产要素分配与劳动价值论的关系。少数学者持有“物化劳动创造价值”的观点，认为资金、技术、信息等生产要素也创造了价值，按生产要素分配是以物化劳动创造价值为基础的。多数学者坚持“活劳动创造价值”的观点[①]，认为劳动是价值的唯一源泉，物化劳动只是在使用价值即社会财富的创造过程中起了作用。还有的学者持有“不同领域论”的观点，认为商品的价值是由人的活劳动创造的，它涉及的是生产领域，而按生产要素分配是指生产过程中创造出来的价值如何分配，它涉及的是分配领域。

（3）按劳分配与按生产要素分配的关系。第一种观点是“本质与现象论”，认为按劳分配与按要素分配的关系是本质与现象、内容与形式的关系，按劳分配因市场关系而转化为按要素分配[②]。

第二种观点“按生产要素分配永恒论”，认为按生产要素分配规律并不是市场经济所特有的，而是一切社会形态所共有的分配规律，现阶段的“按劳分配”是

---

① 余陶生：“按生产要素分配与劳动价值论”，《武汉大学学报（哲学社会科学版）》2000 年第 3 期。

② 周为民、陆宁：“按劳分配与按要素分配——从马克思的逻辑来看”，《中国社会科学》2002 年第 4 期。

统一在按生产要素分配规律当中的[①]。

第三种观点是“结合论”，认为按劳分配和按生产要素分配结合起来是以公有制为主体、多种所有制经济共同发展的基本经济制度在分配领域的集中体现，是对社会主义市场经济条件下分配领域中效率优先、兼顾公平原则的进一步具体化。

第四种观点“主辅结合论”，即以按劳分配为主体，把按劳分配与按生产要素分配结合起来，体现着发展社会主义社会生产力的要求，体现着社会主义市场经济的要求，也体现了“效率优先、兼顾公平”的分配原则。

另外还有“趋同论”、“对立论”等观点。

3. 收入分配中效率与公平的关系。党的十四届三中全会指出个人收入分配制度要体现效率优先、兼顾公平的原则。十五大又提出“坚持效率优先、兼顾公平”，“初次分配注重效率，再分配注重公平”。十六届五中全会强调分配制度要“更加注重社会公平”。如何认识收入分配中效率与公平的关系？

西方经济学认为，市场经济条件下公平与效率之间存在着二者不可兼得的替代关系。要促使效率提高，就要根据效率向要素提供者提供报酬，从而使收入有差别；要做到收入均等化，就不能使社会保持高效率。社

① 杨欢进：“马克思逻辑中的按生产要素分配”，参阅 www.lw90.com。

会面临的选择是，或者是以效率为代价，得到较多的公平，或者以平等为代价，得到较多的效率①。

我国经济理论界也有不同的观点。一是“效率优先论”，认为我国仍处于社会主义初级阶段，生产力发展水平还不能满足人们多方面的需要，必须把提高效率放在首要位置。二是“分阶段论”，在社会主义初级阶段要效率优先、兼顾公平，进入发达阶段后就应有所调整。三是“三次分配各有重点论”，即在初次分配中讲效率，在再分配中讲公平，在三次分配中讲社会责任。四是“公平优先论”，现阶段我国居民收入差距拉大，不和谐因素增多，目前首先应解决的是公平问题。五是“两者无关论”，不赞成把效率优先和兼顾公平作为分配的原则。正是由于理论界对效率与公平的关系有不同的理解，有的学者认为“不能迷信‘效率优先、兼顾公平’的口号”，还有的学者认为“效率优先、兼顾公平”的提法不能改变②。

---

① 刘平量主编：《当代分配经济辞典》，山西经济出版社 1992 年版，第 514 页。

② 郑红亮、詹小洪、张问敏、王利民、宋光茂编：《中国经济大论战（第九辑）》，经济科学出版社 2004 年版。

二、我国收入分配体制的演变与收入差距的扩大

（一）马克思的设想与我国收入分配体制的演变

1. 马克思的设想。在马克思设想的社会主义社会中，生产资料实现了单一的公有制，“每个生产者在生活资料中得到的份额是由他的劳动时间决定的”，劳动时间“是计量生产者个人在共同劳动中所占份额的尺度。”① 按劳分配成为个人收入分配的原则。由于商品货币关系已不存在，劳动者在劳动过程结束后，“他从社会领得一张凭证，证明他提供了多少劳动（扣除他为公共基金而进行的劳动），而他凭这张凭证从社会储存中领得和他所提供的劳动量相当的一份消费资料。他以一种形式给予社会的劳动量，又以另一种形式全部领回来。”②

“在共产主义社会高级阶段上，在迫使人们奴隶般地服从分工的情形已经消失，从而脑力劳动和体力劳动的对立也随之消失之后；在劳动已经不仅仅是谋生的手

① 马克思著：《资本论》第1卷，人民出版社1975年版，第96页。
② 《马克思恩格斯选集》第三卷，人民出版社1972年版，第11页。

段，而且本身成了生活的第一需要之后；在随着个人的全面发展生产力也增长起来，而集体财富的一切源泉都充分涌流之后，——只有在那个时候，才能完全超出资产阶级权利的狭隘眼界，社会才能在自己的旗帜上写上：各尽所能，按需分配！”①

2. 我国收入分配体制的演变。我国收入分配体制的演变大致可以分为四个不同的阶段。

一是形成阶段。“一五”计划期间我国进行了工资改革，规定了不同产业、不同地区、不同部门的工资标准，建立起了全国统一的工资等级和管理制度，虽然存在管理高度集中、工资标准划分过多过繁等问题，但从整体上来看，这一时期的工资水平能随生产的发展逐步提高，个人收入之间的差距较为合理，收入分配体制与当时的生产关系和生产力发展水平基本适应。

二是平均主义泛滥阶段。1958～1978年期间，我国政治运动接连不断，经济发展大起大落，经济体制僵化。城市取消了计件工资和奖金制度，工资长期冻结，不能随生产的发展稳步提高，国家对工资分配管得过多，统得过死，企业没有分配自主权，收入分配中存在着严重的平均主义，职工干多干少一个样，简单和复杂劳动一个样，企业和事业单位一个样，工资

① 《马克思恩格斯选集》第三卷，人民出版社1972年版，第12页。

分配与个人的贡献、与企业的效益完全脱节。农村采取了工分制的分配形式，由于农业生产条件复杂，各生产环节的劳动质量和数量难以准确评定，再加上管理水平低，评工记分往往流于形式，农民除了向生产队提供劳动而获得部分实物和少量现金以外，几乎没有其他收入来源，家庭劳动力和赡养人口的多少成为决定农民收入水平的主要因素。这一时期我国收入分配体制以平均主义为特征，是与计划经济相适应的计划型分配模式。

三是初步建立市场型分配模式阶段。十一届三中全会拉开了我国收入分配体制改革的序幕，鼓励一部分人和一部分地区先富起来，最终达到共同富裕，成为这一阶段我国收入分配体制改革的指导思想。改革的第一步是打破“大锅饭”，贯彻按劳分配原则，农村实行家庭联产计酬制，企业实行效益工资制，事业单位实行以职务工资为主的结构工资制。第二步是党的十三大提出了社会主义初级阶段的分配方式是按劳分配为主体，其他分配方式为补充。第三步是党的十四届三中全会提出个人收入分配制度要体现效率优先、兼顾公平的原则，允许资本等生产要素参与收入分配，党的十五大报告和十六大报告进一步完善了这一思想，提出要把按劳分配和按生产要素分配结合起来，劳动、资本、技术、管理等生产要素按贡献参与分配，一切合法的劳动收入和合法的非劳动收入都应该得到保护。经过这一阶段的改革，形成了以按劳分配为主、多种分配方式并存的分配格局，劳动者的收入水平大大提高，传统的以平均主义为特征的计划型分配模式逐步被市场型分配模式所替代。

四是构建科学合理、公平公正的收入分配体系阶段。2005年10月中共召开十六届五中全会，提出构建社会主义和谐社会的重大任务，强调收入分配要“更加注重社会公平”，统筹兼顾各方面的利益关系，我国收入分配体制改革进入新的阶段。2006年5月，中共中央政治局召开会议，研究改革收入分配制度和规范收入分配秩序问题，提出我们的目标是“构建科学合理、公平公正的社会收入分配体系”。

（二）收入差距全方位拉开

1. 收入差距全方位拉开。改革以来，我国居民收入差距逐步拉大，基尼系数已超过国际上公认的警戒线。

一是城镇居民内部的收入差距。2005年城镇居民中10%的最高收入者人均可支配收入达到28773元，10%的最低收入者只有3135元，高低之间的收入差距达到9.2倍[①]，大大高于1989年3.3倍的差距水平。

---

① “2006年中国居民收入分配年度报告”，参阅国家发改委网站2007－02－01。

二是农村居民内部的收入差距。根据对全国31个省区市6.8万个农村住户的抽样调查，2005年农民人均纯收入的基尼系数为0.3751，比改革初期的0.21明显扩大①。

三是城乡居民之间收入差距。2006年城镇居民人均可支配收入11759元，农村居民人均纯收入3587元，城乡居民收入差距达到3.28倍②，而1980年仅有2.5倍。

四是不同区域之间居民收入差距。2005年东部地区城镇居民人均收入为12884元，西部地区为9633元，中部地区为8691元，高低之间相差4193元。就农村居民收入来说，东部地区最高，为5123元，中部地区为2815元，西部地区最低，为2508元，高低之间差距达到2倍以上③。

五是不同行业之间的收入差距。2002年，金融和保险业是收入最高的行业，人均工资为19135元，而人均工资最低的农林牧渔业只有6398元，前者是后者的

---

① "2006年中国居民收入分配年度报告"，参阅国家发改委网站2007－02－01。

② 2008年城镇居民人均可支配收入15781元，农村居民人均纯收入4761元，城乡居民收入差距达到3.31倍。

③ "2006年中国居民收入分配年度报告"，参阅国家发改委网站2007－02－01。

3倍[①]，而在1980年高低差距只有2.18倍。

收入差距拉大已在社会上引起了某种程度的不满情绪[②]。在中央党校课题组进行的问卷调查中，“人民内部物质利益矛盾”被认为是排在首位的突出矛盾，60.8%的被调查者认为“贫富悬殊”是应特别注意防范的风险[③]。在笔者进行的问卷调查中，62.8%的人认为“收入差距过大”是目前收入分配领域存在的主要问题。在党的十六届五中全会召开前，许多网民谈到对“十一五”的期盼时，均希望国家在解决两极分化、缩小贫富差距上有重大突破。

2. 原因分析。个人收入差距拉大，原因何在？理论界众说纷纭，有多种不同的观点，如生产资料所有制决定论（所有制结构的变化为收入差距扩大提供了条件）、制度因素论（多种经济成分的存在而产生的收入差距）、市场因素论（由于市场经济规律的作用而出现的）、中小企业发展不充分论（只强调“做大做强”而忽视了众多中小企业的发展）、政策因素论（城乡之间、区域之间不平等的政策，效率优先、兼顾公平的提法等）、改革代价论（是经济体制改革必然付出的代

① 2007年金融业平均工资最高，人均为49435元，人均工资最低的是农林牧渔业，只有11086元，前者是后者的4.5倍。

② 汝信、陆学艺、李培林主编：《中国社会形势分析与预测》，社会科学文献出版社（历年）。

③ 中共中央党校社会主义和谐社会研究课题组：“构建和谐社会面临哪些突出矛盾和问题”，《北京日报》2006年8月7日。

价)、经济发展阶段论（经济起飞阶段必然经历的过程)、生产要素分配论、垄断论、财税调控不到位论、资源分配不公论、工会组织或作用缺失论、非法收入论、腐败论等。

笔者认为，我国现阶段收入差距全方位拉开，是多方面因素共同作用的结果。

从个人层面来看，由于劳动者的素质、技术水平、劳动能力和努力程度不同，在同一时间内提供的劳动数量和质量互不相同，实行按劳分配的结果是劳动者之间的报酬出现了差异，劳动者在共同致富的道路上出现了快慢之分，一部分劳动者凭劳动先富起来。

从企业角度来看，企业是分配的主体，劳动者是在企业生产经营成果的基础上进行分配，劳动者的收入不仅取决于劳动者本人提供的劳动数量和质量，还取决于所在企业的经济效益。企业的经济效益受到资金占有状况、技术水平、管理水平、市场供求、商品价格等多重因素的影响，即使劳动者提供的劳动数量和质量相同，不同企业中的劳动者也会得到不同的收入报酬。

从现行的分配方式来看，我国现阶段鼓励资本、技术、管理等生产要素参与收益分配，按劳分配为主，多种分配方式并存，多种分配方式共同发挥作用的结果是使个人收入分配出现了较大的差别。

从市场经济的运行来看，由于价值规律和竞争规律的客观作用，企业之间的经济效益、劳动者之间的收入水平必然出现差异，这是不以人的主观意志为转移的客观经济现象。

从经济体制方面来看，经济体制不完善，收入分配关系没有理顺，管理措施不到位，宏观监督与调控机制不健全。

从事物发展的过程来看，不平衡是绝对的，平衡是相对的，实现共同富裕是一个不平衡的发展过程，不可能是同步或同等程度的富裕起来，一部分人先富起来，达到共同富裕，完全符合事物发展的规律。

从不应该存在的现象来看，权力市场化，职能个人化，灰色收入没有得到有效控制，黑色收入没有受到严厉打击，从而获取非法收入有一定的条件。

（三）分析收入差距时应考虑的因素

1. 收入差距的衡量方法。研究收入差距时，人们除了使用倍数或百分比说明差距大小以外，还经常使用西方经济学中使用的一些指标和方法进行衡量，如洛伦兹曲线、基尼系数、库兹涅茨指数、阿鲁瓦利亚指数、收入不良指数、沃尔夫森“极化指数”等[①]。每种指标和方法都有自己的特点和可取之处，同时又有自己特定的使用条件和范围，进行数量分析时，不可随意使用。

---

① 朱光磊著：《中国的贫富差距与政府调控》，上海三联书店2002年版。

如有关基尼系数的具体计算方法就有多种[①]，采用的方法不同，计算的结果也不一样[②]。而在目前的研究中，人们随意使用或引用基尼系数的现象比较多，出现了差距系数比较乱的情况。因此，使用何种方法进行分析，必须加以明确说明，否则就会出现数据相互矛盾的现象。

分析收入差距的合理限度时，人们一般采用国际上的惯用标准——基尼系数进行分析，这是必要的，对我国也有借鉴意义。但由于各国的经济发展水平不同，居民收入和生活水准不同，研究收入差距的合理限度时，不可完全照搬现有的模式，而要根据我国的具体国情进行分析。如一般认为城乡收入差距应保持在1.5～2.0:1为宜，超过这一限度，差距就会偏大。笔者认为，比值只是一种数量关系，是一种形式，而更为重要的是内容，即居民的生活状况。如果相差比值很小，但居民生活差距很大，不能说这种比值是合理的；或者相反，相差的比值很大，但城乡居民生活差异较小，那也不能说这种比值不合理。要想找到合理的答案，必须对居民的收入和生活支出状况进行详细的调查，从中找到比较合理的差距限度。经济理论界已经开始认识到了这个问题，

---

① 陈宗胜著：《经济发展中的收入分配》，上海人民出版社、上海三联书店1994年版。

② 陈宗胜、周云波著：《再论改革与发展中的收入分配》，经济科学出版社2002年版。

如有的学者明确指出，“不能把基尼系数作为收入分配问题的中心指标，区分收入差距与分配不公”①。

2. 分析收入差距时应考虑的因素。由于劳动者的劳动能力、劳动贡献、企业的经济效益、家庭人口等互不相同，无论是实行按劳分配，还是按资本、技术、管理等生产要素的贡献进行分配，居民之间都会出现一定的收入差异，这是正常的。改革开放以来，我国居民之间的收入差距逐步扩大，这是不争的事实，但目前的收入差距是否过大？老百姓是否能够承受目前的收入差距？

笔者认为，分析收入差距是否过大，应用相关指标进行数量分析是必要的，但首先要考虑老百姓的承受力，老百姓的承受力是一个变量，除了与收入差距大小有关以外，还与一些非数量因素相关，主要包括：

一是居民生活水平的高低。一般而言，居民生活水平与收入差距大小的承受力成正比，即居民的生活水平越高，对收入差距的承受能力就越强；反之，对收入差距的承受能力就小。因此，发展经济，提高居民的生活水平，是增强社会承受力的关键。

二是社会保障体系的完善程度。在社会保障体系健全的情况下，居民对收入差距的承受能力就大，否则就小。因此，完善社会保障体系，保障居民的基本生活，

① 贺铿：“如何调节收入分配的失衡”，《光明日报》2007年2月7日。

是增强社会承受力的重要手段。目前，我国社会保障体系仍不完善，覆盖面比较小，大多数农村居民、农民工、私营企业中的职工仍没有享受到社会保障所带来的好处，削弱了社会承受力，政府必须尽快构建起保障居民基本生活的安全网。

三是就业水平。就业是民生之本，一定时期居民的就业水平也会影响到社会对收入差距的承受能力。在就业机会比较多、就业水平比较高的情况下，人们对收入差距的承受力就大；反之就小。因此，开辟新的就业渠道，增加就业岗位，降低失业率，不仅是我国的一项战略任务，也是增强社会承受力的重要方面。

四是收入分配的规范程度。收入分配秩序如何，直接影响到人们对收入差距的承受能力。在收入分配透明度比较大、规范程度比较高、监督机制比较健全的情况下，即使存在较大的收入差距，人们也能够接受。相反，收入分配秩序混乱，不公平的因素介入分配之中，人们就会把一切收入差距都归咎于制度，很少检讨自己，从而降低了社会承受力。我国目前收入分配关系比较混乱，必须完善分配机制，规范收入分配秩序。

五是政府对收入差距的调节水平。收入所得税是各国政府调节收入的重要手段之一。在收入所得税法律法规体系比较健全、人们纳税意识比较强的情况下，社会对收入差距的承受力就比较强。而在偷漏税情况比较严重、纳税意识不强、执法不严的情况下，人们对过大的收入差距就会怨声载道，难以接受。因此，完善个人所得税法，健全监督机制，加大对偷漏税行为的惩罚力度，也是影响居民收入差距承受力的一个因素。

六是居民对未来收入的预期。如果人们对未来预期收入普遍持有乐观态度，即在可预见的将来，经济会持续发展，收入会稳定提高，经济生活中不确定的因素较少，人们对收入差距的承受力就会增强。反之，对收入差距的承受力就会减弱。所以，保持国民经济健康快速的发展，让居民对未来充满希望，是增强社会承受力的心理保障。

七是舆论宣传的影响。社会舆论宣传对居民的承受力也有一定的影响。符合客观实际的舆论宣传，能增强民众对现实生活的稳定感，而不切实际的、一味倡导高消费或超前消费的舆论宣传则会发生误导作用，引发一些不满情绪，削弱社会承受力。因此，必须重视舆论宣传的正确引导。

三、实现公平分配，构建和谐社会

（一）什么是公平分配

1. 理论界的不同观点。近年来理论界对公平分配问题展开了热烈的讨论，涉及的内容主要包括下述几个方面：

一是公平分配的重要性。有的学者认为，“公平分配，这是经济发展中的难题，也是经济学的难题，甚至是最难题”。“世界没有解决，中国也没有解决，无论在理论上还是在实践中。在这方面继续探索，找到有效对策，将是对国家、社会以及人类的很大贡献”①。还有的学者指出，分配公平在社会公平体系处于最高层次，具有特殊地位，是社会公平的根本内涵。也有少数人认为公平分配在任何社会中都难以实现，只是一种美好的追求而已。

二是从什么角度认识公平分配。多数学者是从规则公平、程序公平、机会平等的角度来理解公平分配的，认为出现差别是必然的、合理的，但规则和程序必须公平，机会必须人人平等。个别学者从分配的结果来认识公平分配，甚至将公平分配与平均分配画等号。还有的学者是从初次分配与再分配的角度来分析公平分配是如何实现的。

三是公平分配的内涵。传统的观点把公平分配等同于平等分配或平均分配，“不患寡而患不均”就是其真实写照。为了实现“均贫富”，农民揭竿起义，目的是求生存。这是经济不发达情况下多数人的追求。过去我

① 沈立人：“公平分配——经济学的最难题”，《南京经济学院学报》2001年第4期。

国曾实行过军事共产主义的“供给制”，也同此理。人类社会发展到21世纪，物质财富相对丰富，人的生存基本得到保障，在此条件下如何认识公平分配？第一种观点认为，公平分配总是与一定社会占主导地位的生产关系联系在一起的，简单商品经济中公平分配就是“等价交换”，而到了资本主义社会，无偿占有别人的劳动渐渐演变成“公平分配”。第二种观点认为，公平分配“是由市场分配、收入调节、道德修正三个层次构成”。市场分配是人们在遵守市场规律的前提下进行的收入分配。当市场的秩序遭到破坏，或是市场规则不适应现实的情况而导致市场分配不公平现象发生时，就进入收入调节阶段。当收入调节对公平分配仍不奏效时，就要进行道德重建，进入道德修正阶段。第三种观点是从科学发展观、以人为本的角度出发，认为“能最大限度地激励每个人劳动，最大限度地给每个人以必要的发展条件，增加每个人的财富”，就是公平分配。第四种观点认为，公平分配是人们对收入分配的主观价值判断和评价。首先要确定一个分配的公平标准，某种分配符合这个标准，就是公平的，否则便是不公平的。还有一些观点认为，“给予其所应得”乃公平分配之要义所在；讲公平分配，不是把公平作为分配标准，而是要缓解和缩小地区和个人之间收入差距扩大的趋势，等等。

四是分配不公平的表现。多数学者认为，收入差距过大与平均主义都属于分配不公，目前收入差距拉大、贫富悬殊是分配不公的主要表现①。还有的学者从不同的角度分析分配不公问题。如萧灼基教授指出，改革开放以来，我们对资本这个生产要素参与收入分配十分重视，但对劳动这个最重要的生产要素在收入分配上没有得到充分体现，“重资轻劳”是收入分配不公的重要表现。还有的学者认为，利用权力干预分配以及和权力相关的黑色收入、灰色收入是分配不公比较突出的问题，资源占有不公、实物分配、城乡之间社会保障和医疗保险等政策不平衡，也是分配不公的具体表现。

2. 不同视野中的公平分配。收入分配是否公平是一个价值判断问题。人们由于不同的分析角度、不同的经济学派、不同的群体、不同的社会阶层、不同的社会制度、同一社会制度的不同发展阶段，对公平分配都有不同的理解。

按照平均主义的观点，不管劳动者的劳动贡献是多少，只要每个社会成员都能得到相等的收入，就是公平分配。在空想社会主义者描绘的未来社会中，劳动产品就是平均分配。在我国传统的计划经济体制中，干多干少一个样，“大锅饭”普遍存在，平均主义的分配观在现实生活中得到了具体的表现。

---

① 赵人伟：“克服收入分配不公的重大举措”，《人民日报》1996年7月10日。

从收入分配的下限标准来看，每个居民能够得到满足基本生存的最低收入，就是公平分配。这种标准强调了收入分配的下限，忽视了上限，尽管可以保障人们的基本生活，但容易造成贫富之间过大的收入差距，形成两极分化。一些国家把这种公平观作为制定分配政策的标准，制定了小时最低工资收入法规。

新自由主义学派认为，如果市场机制能够自由地发挥作用，每个人得到的收入完全取决于其对社会的贡献，这就是公平分配。尽管市场机制不可能给人们带来均等的收入，但依靠行政手段调节人们的收入分配，将破坏市场秩序本身，不仅不会带来公正，还会造成更大的不公正。

福利经济学认为，由于货币边际递减规律的作用，富人随货币收入的增多，增加货币的边际效用越来越小，而同一单位货币对穷人的边际效用就大，如果把富人的一部分收入转移给穷人，就会增加社会经济福利。据此福利经济学认为，收入分配越平均，社会经济福利就越大；收入分配越不平均，社会经济福利就越小；在不损害国民收入总量的条件下，通过收入均等化政策增加社会福利，这就是公平的收入分配。

根据发展经济学的观点，在经济起飞阶段，收入分配不均等先是迅速扩大，继而又呈现出下降的趋势，收入分配逐步趋于平等，收入不均等与经济发展是倒“U”关系。因此，在经济发展水平较低和较高的阶段，较平等的收入分配是公平的，而在经济起飞过程中，不均等的收入分配也是公平的①。

从我国的社会主义实践来看，在高度集中的计划经济体制下，以平均主义为特征的“大锅饭”被认为是公平分配。改革开放以后，为了调动人们的积极性，促进经济快速发展，鼓励一部分人凭诚实劳动、合法经营先富起来，被认为是公平分配。而到了新的世纪，我国经济实力大大增加，小康生活已经实现，但社会矛盾凸显出来，收入差距呈现出扩大的态势，在此背景下我国提出了构建社会主义和谐社会的重大任务，“鼓励一部分人先富起来”的公平分配观必然为新的公平分配观所替代。

（二）我国现阶段判断收入分配是否公平的标准

我国正处于社会主义初级阶段，分配制度是按劳分配为主体、多种分配方式并存，生产要素按贡献参与收入分配。据此笔者认为，我国现阶段判断收入分配是否公平的标准应该是：按劳分配为主、按劳分配与按其他生产要素分配同时并存。只要这种收入分配机制在现实生活中得到贯彻和落实，不管居民收入是多少，不管收入差距有多大，都应视为公平分配。

① 赵满华主编：《中国城乡收入差距研究》，经济管理出版社1997年版。

以此判断收入分配是否公平，是由我国现阶段的生产力发展水平、经济制度、经济体制和具体国情决定的。

1. 我国正处于社会主义初级阶段，经济发展水平比较低，面临的主要任务是发展生产力。只要收入分配体制能够调动劳动者的积极性，促进经济的快速发展，就是公平的收入分配。按劳分配把个人收入与自己付出的劳动贡献、企业的经济效益联系在一起，有利于调动劳动者的劳动热情。按资本、技术、管理等生产要素进行分配，有利于合理利用和配置各种资源，有利于提高效率和促进市场经济的发展。因此，把按劳分配为主、按劳分配与按其他生产要素分配同时并存作为判断收入分配是否公平的标准，是由我国现阶段的主要任务决定的，符合判断是非的“三个有利于”的标准。

2. 改革开放使我国的所有制结构发生了重大的变化，单一的公有制结构已不复存在，非公有经济规模不断扩大，混合经济成分日益增多，我国现阶段的所有制结构决定了按劳分配为主、多种分配方式并存的分配格局，决定了资本、技术、管理等生产要素可以参与收入分配。

3. 我国的经济体制已由计划经济转变为市场经济。在市场经济运行过程中，生产要素的稀缺性、生产要素在财富创造过程中的重要性以及生产要素归属不同的所有者，决定了按生产要素分配的必然性。而在我国现阶段，劳动是大多数人所拥有的最基本的生产要素，按劳分配为主、按劳分配与按其他生产要素分配同时并存，符合我国现行经济体制的要求，符合我国基本国情的要求。

4. 我国现阶段的生产力发展水平比较低，物质产品还没有达到极大的丰富，人们之间还存在不同的经济利益，还存在你我之间的界限。在此条件下，按劳分配与按其他生产要素分配同时并存，可以维护生产要素所有者的个人利益不受侵害，为劳动者凭劳动致富创造了条件，为生产要素所有者凭生产要素的投入获取收入报酬提供了依据，符合我国现阶段的分配政策。

（三）实现公平分配，构建和谐社会

1. 构建和谐社会必须实现公平分配。构建社会主义和谐社会的实质是协调好各种社会关系，使人们和谐相处，充分激发社会活力，实现社会的安定团结和稳定。在各种社会关系中，最基本的是经济利益关系。经济利益关系不和谐，社会关系就难以和谐。经济利益关系在现实生活中最直接、最根本的表现就是收入分配关系。实现经济利益关系的和谐，首先要协调好收入分配关系，实现公平分配。因此，社会关系、经济利益关系、公平分配与社会和谐之间的相互联系，客观上要求我们以促进经济和谐为基点，以实现公平分配为前提，

进而构建社会主义和谐社会。

构建社会主义和谐社会，要切实维护和实现社会公平。胡锦涛总书记指出，“把维护社会公平放到更加突出的位置，综合运用多种手段，依法逐步建立以权利公平、机会公平、规则公平、分配公平为主要内容的社会公平保障体系，使全体人民共享改革发展成果，使全体人民朝着共同富裕的方向稳步前进。”因此，分配公平是社会公平的重要内容之一，是实现社会公平的重要保障。实现分配公平，进而实现社会公平，才能搭建起构建社会主义和谐社会的平台。

因此，构建社会主义和谐社会，必须实现公平分配，这已成为理论界的共识。中国社会科学院课题组在“努力构建社会主义和谐社会”的研究报告中指出，“在现阶段，就是要突出地解决社会分配中的公平问题”。[①] 还有的学者认为，构建和谐社会要解决好“不和谐因素”，包括“四大矛盾”，第一个矛盾就是分配公平失衡，贫富差距加大。

《求是》杂志发表的文章指出：“分配不公引起的收入差距过大的问题日益突出，对此，我们绝不能掉以轻心”。[②]《光明日报》发表的文章指出：“和谐社会包括经济的和谐、政治的和谐和人与自然的和谐。在这三

---

① 中国社会科学院课题组：“努力构建社会主义和谐社会”，《中国社会科学》2005 年第 3 期。

② 张素芳：“建立效率与公平统一的和谐社会”，《求是》2005 年第 6 期。

种和谐中，经济和谐是基础。经济和谐最重要的是社会产品分配方式合理。”①

经济学家胡鞍钢认为，“穷人经济学”是“十一五”规划的理念之一，我国在追求经济持续快速增长的同时，“政策取向将关注增长的均衡、机会的均等和社会的公平”，避免陷入“穷人更穷、富人更富”的社会失衡“陷阱”。

2. 采取措施实现公平分配。如何实现公平分配？理论界提出了许多思路。一是“综合手段论”，包括完善收入分配制度，加强收入分配的宏观调节，着力提高低收入者收入，逐步扩大中等收入者比重，有效调节过高收入，坚决取缔非法收入，完善税收制度，健全社会保障制度。二是“收入政策调整论”，有的学者提出要“限高、扩中、提低”，还有的学者认为初次分配是加大监管，再分配是向社会保障倾斜，第三次分配是发展好公益事业。三是适度“抽肥补瘦论”。该观点认为，初次分配由市场来管，再分配由政府来管，政府在收入再分配方面的功能主要是通过税收和转移支付来实现的，税收的主要对象是高收入群体，转移支付的主要对象是低收入群体，政府通过这两个途径进行的收入再分配，起的是“抽肥补瘦”的作用。四是“两头调节论”，即初次分配中政府应该做的是建立最低工资保障

① 贺铿：“如何调节收入分配的失衡”，《光明日报》2007年2月7日。

制度，在再分配方面要通过完善税制对高收入群体进行调节和限制。五是“公共产品供给论”，该观点强调为弱势群体提供基本而有保障的公共产品，包括最低生活保障、初级保健、义务教育、就业的机会等。六是“发展中小企业论”，即通过发展微型和中小企业，很多人创业，人人得到就业，在初次分配和再分配方面都有利于实现公平分配。还有“解决城乡贫困人口论”等诸多观点。

笔者认为，实现公平分配是一项系统工程，在加快经济发展、完善市场经济体制的基础上，现阶段应做好理论创新、加强管理、完善机制等几项工作：

（1）深化收入分配方面的理论研究，区分收入差距与收入差异，正确认识效率与公平之间的关系。

收入差异与收入差距一字之差，但各自有不同的内涵。

收入差异是指居民之间收入水平互不相同，是一种合理的必然的经济现象。如脑力劳动者和体力劳动者在同一时间内创造的价值量不同，脑力劳动者获得的收入应当高于体力劳动者，这就使脑体劳动者之间的收入水平出现了差异，这种收入差异是合理的，也是透明的和公开的，不管是大还是小，都不应人为地进行干预，更不能人为地把它拉平，而应由市场经济的运行来决定。目前，一些高校和科研单位高薪聘用教授和科研带头人，其收入水平比一般劳动者高出十几倍，可谓收入差距很大，但这是合理的收入差异，应当允许其存在，这样才能拉开收入档次。社会上对于这种合理的必然的收入差异能够接受，承受能力也比较大。

收入差距是指居民收入水平偏离了某种标准而出现的一种不合理的收入悬殊现象。如果收入差距比较小，保持在一定限度内，对社会和经济发展无负面影响，这种差距是可以接受的，应允许其存在；如果收入差距过大，超出了一定的数量界限，影响了社会稳定和经济发展，使居民生活水平出现了较大的差别，人们难以接受，政府就应采取有力措施，缩小收入差距，把它控制在社会可接受的范围内，以体现社会公平的原则。因此，收入差距不是必然的经济现象，在经济发展过程中完全可以避免收入差距过大所带来的消极影响。

现实生活中收入差距与收入差异难以区分，还可能出现不合理的收入差距与合理的收入差异交织在一起的现象。于是，人们把二者混为一谈，出现了“收入差距一大就调，一调就平（平均主义），一平就放（放松调控），一放就大（差距过大）”的现象。实际上，合理的收入差异是任何社会都存在的。有的学者指出，“收入分配领域‘合理的’差距与扭曲的差距交织在一起，从而使收入分配关系呈现出较为复杂的局面。”①

① 高尚全：“深化分配制度改革需要渐进而行”，《21世纪经济报道》2006年11月3日。

实际上这里所讲的“合理的”差距就是指收入差异，“扭曲的”差距是指不合理的收入差距。理论界应加强这方面的研究，澄清“合理的”差距与“扭曲的”差距。

正确认识效率与公平的关系。本文第一部分已简述了理论界有关效率与公平的各种观点，笔者认为，效率与公平具有统一性，无论在什么条件下都应提高效率，注重公平，要把两者放在同一平台上，同时兼顾，同样重视，但在不同的社会制度中，两者实现的程度有所不同。社会主义市场经济为提高效率、注重公平提供了理想的制度保障，因此，我们既不能效率优先，把公平置于第二位，也不能公平优先，把效率置于第二位，而要提高效率，实现分配公平。

（2）加强收入分配宏观管理与调控的力度。通过加强宏观管理，可以改变目前混乱的收入分配秩序和状况；通过进行必要的宏观调控，可以提高收入分配的公平程度。

第一，建立个人收入信息管理系统。要充分利用现有的计算机网络技术和居民身份证管理制度，建立个人收入信息管理系统和个人支付结算体系，摸清个人收入的“家底”，加强对个人收入的监测，规范个人收支行为，为严格执行个人所得税制、进行收入分配宏观调控提供决策依据和基本保障。

第二，加强对高收入群体个人所得税的征管。进一步提高个人所得税起征点和税率，建立个人收入和法人支付双向申报制度，严格执行代扣代缴制度，充分发挥个人所得税的调节功能，更新管理手段，提高管理水平，强化对高收入群体个人所得税的征收与管理。

第三，进一步加大财政转移支付的力度。在目前城乡之间、区域之间非均衡发展的情况下，中央政府要充分发挥财政转移支付的功能，拿出更多的资金，扶持农村地区和落后地区的发展，缩小城乡之间和区域之间的发展差距。与此同时，要增加公共事业的支出，加强公共事业基础设施的建设，通过发展教育、文化、卫生等公共事业，搞好社会福利事业，提高全体居民的生活水平，使人们充分享受经济发展和改革开放的成果。

第四，保障低收入群体的基本生存。在健全城市最低生活保障制度的同时，建立覆盖农村的最低生活保障制度，逐步转变农村社会保障的主体。最低生活保障制度是人民群众基本生活的最后一道防线，也是政府的基本职能之一，各级政府必须投入足够的资金，做好“低保”工作。

第五，千方百计扩大就业。就业是民生之本，只有创造更多的就业岗位，实现充分就业，才能使劳动者获得谋生的手段，才能保障劳动者的基本生存，才能有公平分配可言。因此，各地要积极发展就业容量大的劳动密集型产业和服务业，高度重视中小企业的发展，积极开辟社区就业的门路和岗位，鼓励劳动者自主创业，完善就业服务体系，创造良好的创业环境，做好劳动力岗前培训和劳动者再就业的培训工作，为构建和谐社会奠定微观基础。

第六，完善监督与稽查机制，严惩各种腐败现象，加大打击非法收入的力度。

（3）进一步完善收入分配机制。

第一，建立垄断行业收入分配自我约束机制，完善相关制度，协调行业之间的收入分配关系。

第二，完善事业单位工资制度，改变“制度外”收入膨胀、“制度内”工资趋于平均的现状，变“身份工资”为岗位和绩效工资。

第三，进一步协调企业内部管理者与劳动者之间的收入分配关系，完善职工参与工资决策的制度，健全监管机制。

第四，规范职务消费，加大治理商业贿赂的力度，杜绝灰色收入。

第五，完善劳动者最低工资制度和最低工资监管机制，逐步提高最低工资水平。

［原载原玉廷主编：《中国经济问题前沿》，山西经济出版社 2007 年版，第 149 ~ 167 页］

第一篇

按劳分配相关问题研究

Part One

Research on Distribution According to one’ s Work

论社会主义按劳分配的可行性

随着我国社会主义公有制基础上有计划商品经济的确立，理论界重新掀起了讨论按劳分配的热潮，讨论的热门话题之一是我国社会主义现阶段是否存在按劳分配。王建国同志在《山西大学学报》1989年第一期发表的题为《略论社会主义按劳分配的空想性》一文（以下简称“王文”）中，指出：“长期以来，人们根据马克思的设想，认为按劳分配是社会主义的基本经济特征。但事实上它在理论上是难以成立的，在实践中是难以实行的。”虽然论者的观点有其独到之处，但我认为，随着社会主义生产资料公有制的建立，不管经济形式是产品经济还是商品经济，个人消费品的分配都必须实行按劳分配原则，这是不以人的主观意志为转移的，具有客观性。

一、从新的角度理解按劳分配

根据马克思主义认识论原理，一般与特殊是事物存在的共性与特性的关系，一般与特殊因有共性而相互联系，因有特性而相互区别，共性寓于特性之中，并通过特性表现出来。根据这一原理，我们在理解按劳分配时，应把它区分为按劳分配一般与按劳分配特殊。

按劳分配一般是对各种具体按劳分配模式的理论概括和科学抽象，在现实生活中并不独立存在，只有通过具体的按劳分配模式才能体现出来。按劳分配一般反映的是各种具体按劳分配模式的共性，各种具体按劳分配模式都包含有按劳分配一般的共同要求。

按劳分配一般包括质和量两方面的规定性。按劳分配一般的本质规定是指以劳动者提供的劳动为尺度进行个人消费品的分配，这个本质规定包含着下述几点内容：第一，它体现了劳动者之间平等地占有公有的生产资料、体现了劳动者之间平等的劳动权利和劳动义务，消除了剥削。第二，它是各种具体按劳分配模式所具有的共同要求，只要坚持了这个要求，就坚持了按劳分配；违背了这个要求，就违背了按劳分配；在这方面，按劳分配具有绝对性。第三，它是一个简单的规定，因为按劳分配一般并没有指明劳动者提供的劳动是个人劳动还是为社会所承认的劳动。第四，它是一个抽象的规定，在现实生活中并不独立存在，只有把这种抽象的规定转变为具体的规定，充实和丰富原有的内容，按劳分配才能获得实现的可能性。

按劳分配一般量的规定性，是指劳动者获得的劳动报酬要与提供的劳动量相适应。首先，这个规定具有相对性，劳动者获得的劳动报酬与提供的劳动可以在数量上发生一定的变化，这是因为劳动量的衡量难以做到十分精确，即使劳动量的衡量精确了，其他因素也会使劳动者获得的劳动报酬与提供的劳动量发生一定的偏离，如社会对劳动者提供劳动量的扣除，价值规律对劳动者提供劳动量的影响等。所以，劳动者获得的劳动报酬只是与他提供的劳动量大体上保持一定的比例，数量上发生一定的变化不会改变按劳分配的本质规定，但如果量的变化超出了一定的界限，劳动者获得的劳动报酬与提供的劳动量相差悬殊，就会使按劳分配的本质规定失去真实的内容，就会影响到按劳分配的存在。其次，量的规定也是简单、抽象的规定，因为劳动者提供的劳动量可以是个人劳动量、社会劳动量等，劳动者获得的劳动报酬可以是“劳动券”、货币工资等。在现实生活中，这个简单、抽象的规定一般要被复杂、具体的规定所替代。

按劳分配特殊是指现实生活中存在的各种具体按劳分配模式，它可以有不同的形式。根据马克思的设想和社会主义的实践，按劳分配特殊有两种不同的形式，即产品经济型按劳分配模式和商品经济型按劳分配模式。由于两种分配模式借以实现的经济形式不同，它们在条件、内容、结果等方面都具有不同的特点。按劳分配特殊不仅反映按劳分配一般的共同要求，还反映某种具体按劳分配模式的特殊要求。各种具体按劳分配模式因有共性而成为同一的分配方式，因有特性而相互区别，成为不同的分配模式。

理论来源于实践，是实践的概括和总结。按劳分配一般就是对产品经济型按劳分配模式和商品经济型按劳分配模式的理论概括和科学抽象。在马克思设想的未来社会中，生产力高度发达，全社会实现了单一的公有制，商品货币关系已不存在，因此，马克思设想的按劳分配是在产品经济中实现的，是产品经济型按劳分配模式，这种分配模式包含有按劳分配一般的基本特征，但它不是按劳分配一般，而是按劳分配特殊的一种形式。在马克思所处的时代中，地球上还没有科学社会主义的实践，资本主义社会仍然占统治地位，因此，我们不能苛求马克思对按劳分配特殊两种模式做出详细论述。马克思根据人类社会发展的基本规律，指出在自由人联合体中，劳动时间不仅是分配社会总劳动的尺度，而且是分配个人消费品的尺度，这已经是马克思对人类社会发展的一大贡献，而不像"王文"所说的那样，按劳分配是"前人囿于历史条件仍带有空想因素的个别论断，具有空想性质"。

"王文"在讨论劳动量的计量尺度时，虽然提出了产品经济中与商品经济中两种不同的计量尺度，但并没有区分按劳分配一般与按劳分配特殊，没有区分按劳分配特殊两种不同的模式，从而难以找到满意的答案。

二、按劳分配的实现条件

前一部分区分了按劳分配一般与按劳分配特殊，考察按劳分配的实现条件，也要分一般条件和特殊条件，要想实现某种具体按劳分配模式，首先要具备按劳分配的一般实现条件。

按劳分配的一般实现条件是实现各种具体按劳分配模式都必须具备的共同条件，是各种具体按劳分配模式所具备条件的概括和总结。

按劳分配的一般实现条件可以从生产力和生产关系两方面来考察。从生产力方面来看，"分配方式本质上毕竟要取决于可分配的产品的数量"[①]，而可分配产品

---

① 《马克思恩格斯选集》第四卷，人民出版社 1972 年版，第 475 页。

的数量是由生产力发展水平决定的。任何一种分配方式都不能脱离生产力的发展水平，都要有与之相适应的物质基础。在原始社会，生产力极为低下，为了求得生存，公社成员必须以平均的方式分享劳动成果。在共产主义社会，生产力高度发达，产品极为丰富，人们可以按照自己的需要领取生活消费品。除去生产力发展的上述两个极端阶段，生产力发展到一定水平，即劳动者生产的产品基本上能够满足自身生活的需要，每个劳动者依靠自己的劳动成果能够生存下去，是实现按劳分配的物质基础。目前，世界上许多国家，不论其社会制度如何不同，已经具备了这个物质基础，但这不是实现按劳分配的唯一条件。除了这个条件以外，还必须从生产关系方面进行考察。在我国现阶段，就整体来说已经具备了实现按劳分配的物质条件，但由于我国现阶段正处于社会主义初级发展阶段，生产力的发展具有不平衡性，在经济发达地区，人们的生活水平比较高，在经济落后地区，人们的温饱问题还没有得到很好的解决。为了保证人们的基本生活水平，实现社会公平，在实行按劳分配的同时，还要辅之以其他的分配政策和措施。因此，我国现阶段生产力发展水平的不平衡性影响到按劳分配的实现程度，使现阶段的按劳分配具有不成熟性。

从生产关系方面来看，第一，生产资料公有制是实现按劳分配的必要条件。“消费资料的任何一种分配，都不过是生产条件本身分配的结果"[①]，而生产条件的分配主要是指生产资料所有制形式。生产资料归谁所有，劳动产品就归谁所有。在生产资料公有制的条件下，劳动成果归广大劳动者共同所有，消除了凭借生产资料私有权剥削他人的现象，为实现按劳分配提供了必要条件。没有这个必要条件，按劳分配无从产生，有了这个必要条件，分配方式不一定就是按劳分配。在原始社会和共产主义社会，生产资料都是公有制，但个人消费品的分配并不是按劳分配。因此，生产资料公有制是实现按劳分配的必要条件，而不是充分条件。在我国现阶段，所有制的主要形式是生产资料公有制，这就为实现按劳分配提供了必要条件。同时，由于我国现阶段是公有制为主、几种所有制形式同时并存，这就决定了个人消费品的分配方式不是单一的，而是以按劳分配为主、几种分配方式同时并存。第二，个人物质利益的存在是实现按劳分配的充分条件。"人们奋斗所争取的一切，都同他们的利益有关"[②]。虽然社会主义建立了生产资料公有制，但生产力的发展并没有达到物质产品极为丰富的程度，人们之间仍然存在着不同的物质利益，任何一个劳动者都不能无条件地占有他人的劳动成果，也不能无条件地放弃自己的劳动成果，在共同劳动成果

① 《马克思恩格斯选集》第三卷，人民出版社 1972 年版，第 13 页。
② 《马克思恩格斯全集》第 1 卷，人民出版社 1961 年版，第 82 页。

的基础上，只有以劳动为尺度进行个人消费品的分配，才能在分配领域实现劳动者的个人物质利益。在我国前一个时期，由于否认劳动者个人物质利益的存在，按劳分配的实现程度受到了很大的影响，人们捧的是“铁饭碗”，吃的是“大锅饭”，平均主义盛行。要想改变这种状况，首先要承认劳动者个人物质利益的存在。

劳动者生产的产品基本上能够满足自身生存的需要、生产资料公有制、个人物质利益的存在，这三个条件作为一个整体并不是任何社会形态都具备的，只有社会主义社会才具备了实现按劳分配的三个条件，因此，社会主义社会实行按劳分配具有客观必然性。“王文”认为，按劳分配“并不是什么社会主义的经济规律、分配原则或基本特征”，问题就在于论者只是分析了按劳分配的劳动计量尺度，并没有深入分析按劳分配的实现条件和社会主义社会实现按劳分配的客观必然性。

按劳分配的特殊实现条件是实现某种具体按劳分配模式所要求具备的特定条件，按劳分配的具体实现模式不同，所要求具备的特定条件也有所不同。

就马克思设想的产品经济型按劳分配模式来说，它是以商品货币关系已不存在、个人劳动直接表现为社会劳动为特定条件。而商品经济型按劳分配模式，则是以合理的价格体系为前提条件。这是因为：首先，在商品经济中，企业的整体劳动要转变为社会劳动，必须经过市场上的交换，如果市场上的价格体系不合理，企业的整体劳动难以得到准确的评价，按劳分配就无法在企业中实现。其次，劳动者在企业中得到的劳动报酬是代表一定生活消费品的货币工资，只有劳动者用货币工资在市场上交换到所需要的生活消费品，按劳分配才能得到最终的实现。如果市场上的价格体系不合理，一定数量的货币工资交换不到一定数量的生活消费品，按劳分配就会流于形式。最后，商品经济型按劳分配模式的实现过程受到价值规律的影响，而价值规律要发生作用，离不开合理的价格体系。如果价格体系不合理，商品的价格无法反映价值和供求关系，等价交换无法实现，价值规律就无法对按劳分配发生作用。所以，要想实现商品经济型按劳分配模式，必须建立合理的价格体系。

三、按劳分配的计量尺度

“王文”指出“在马克思那里，计量劳动量的尺度是劳动时间。而这种劳动时间不是社会必要劳动时间而是自然劳动时间即个别劳动时间。”“马克思这种以自然劳动时间即个别劳动时间为尺度计量劳动量的按劳分配，在社会主义社会本来就是行不通的。”因为这种自然劳动时间没有反映劳动在质上的差别。我认为论者所说的这种自然劳动时间并不是马克思设想的产品经济型按劳分配模式的劳动计量尺度。因为，在产品经济型按劳分配模式中，计量劳动量的劳动时间是一般简单劳动的劳动时间，在同一时间内，复杂劳动与简单劳动、熟练劳动与非熟练劳动、强度大的劳动和强度小的劳动都可以提供不同的劳动量，因此，必须把不同质的劳动转化为同一的劳动即一般简单劳动。马克思指出，“比较复杂的劳动只是自乘的或不如说多倍的简单劳动”①，强度较大的劳动可以化为多量的简单劳动，“各种劳动化为应作它们的计量单位的简单劳动的不同比例，是在生产者背后，由社会过程决定的”②。虽然产品经济型按劳分配模式中不存在商品货币关系，但各种不同质劳动之间的转换仍然可以采取价值的形式来进行，价值在这里只是起着计算的作用，马克思曾指出：“在资本主义生产方式消灭以后，但社会生产依然存在的情况下，价值决定仍会在下述意义上起支配作用：劳动时间的调节和社会劳动在各类不同生产之间的分配，最后，与此有关的簿记，将比以前任何时候都更重要。”③ 同样，价值形式也可以为按劳分配服务。论者一方面承认自然劳动时间为马克思设想的按劳分配的计量尺度，另一方面又指出：“我国在工业中实行的计时工资强调以劳动量为尺度，有八级工资制的规定，基本上属于马克思设想的以自然劳动时间为尺度的按劳分配类型。”既然自

① 马克思著：《资本论》第1卷，人民出版社1975年版，第58页。
② 马克思著：《资本论》第1卷，人民出版社1975年版，第58页。
③ 马克思著：《资本论》第3卷，人民出版社1975年版，第963页。

然劳动时间为计量尺度，为何又要制定八级工资制？显然，论者在这里是自相矛盾，不能自圆其说。最后，从我国的实践来看，在过去的几十年中，虽然我国没有很好地贯彻按劳分配原则，但在工资制度中仍然有八级工资制、职称工资、特殊工种津贴等。如果以自然劳动时间为计量尺度，那只能导致平均主义，也没有必要制定如此复杂的工资制度。

“王文”对商品经济中按劳分配的计量尺度社会必要劳动时间进行了探讨，指出社会必要劳动时间是不可测定和计量的，“既然连尺度都不能确定，要求在实践中认真实现按劳分配也就只能是一句空话。”商品经济型按劳分配模式有没有劳动的计量尺度？我认为，在商品经济型按劳分配模式中，个人劳动不能直接表现为社会劳动，只有经过市场上的交换，个人劳动才能为社会所承认。在个人劳动转化为社会劳动的过程中，价值规律对其发生影响，劳动者的劳动支出与劳动成果出现了偏离，而能进行分配的只是劳动成果，这种劳动成果首先是凝结形态的劳动，其次它还必须是为社会所承认的劳动，我们把这种凝结形态的为社会所承认的劳动称为有效劳动。因此，商品经济型按劳分配模式的“劳”是指劳动者提供的有效劳动。这种有效劳动的数量表现形式就是价值量。价值把不同种、不同质的劳动化为同一的人类劳动，因而能够成为商品经济型按劳分配模式的劳动计量尺度。商品经济型按劳分配模式是在企业生产经营成果基础上进行的，也就是在劳动者的有效劳动所创造的价值量上进行分配，通过计量价值量的多少，可以确定劳动者提供的有效劳动量。虽然商品经济型按劳分配模式的劳动计量尺度是价值，但不能因此把这种分配模式理解为按价值分配。因为劳动与价值是不同的经济范畴，按价值分配不能反映劳动者之间平等互助的关系，且价值是个历史范畴，只存在于商品经济之中，而按劳分配存在于产品经济和商品经济之中。

四、按劳分配与按劳动力价值分配

“王文”认为，“按劳分配与产品经济无缘，更与商品经济不相容，它并不是社会主义的经济规律。”“否定了按劳分配，该实行什么分配呢？答曰：按劳动力价值或价格分配个人消费品，是社会主义商品经济发展的内在要求。”

首先，按劳动力价值分配是以劳动力成为商品为前提条件的，而在我国社会主义商品经济中，劳动力是否成为商品，这仍是理论界一个悬而未决的问题。

其次，我国社会主义商品经济的发展要求开放劳务市场，以便为劳动力的流动提供适当的场所。在存在劳务市场的条件下，劳动力的供求会影响到商品经济型按劳分配模式的实现程度，即当某种劳动力的供给与需求相互平衡时，该种劳动力获得的货币工资与提供的有效劳动相互一致，当某种劳动力供不应求时，该种劳动力获得的货币工资就会多于提供的有效劳动；当某种劳动力供过于求时，该种劳动力获得的货币工资就会少于提供的有效劳动。虽然劳动者的货币工资随劳动力供求的变化围绕着有效劳动上下波动，但并不能以此用按劳动力价值分配取代按劳分配。

再次，按劳动力价值分配与商品经济型按劳分配模式是两种不同的分配方式，两者之间存在着本质的差别：第一，两者体现的经济关系不同。按劳动力价值分配体现了劳动力个人所有权的单一经济关系，按劳分配则体现了劳动者对生产资料所有权和劳动力个人所有权的双重经济关系。前者是劳动者以劳动力的出售者来换取工资，劳动者在生产过程中毫无自主权，一切听命于购买者的安排，购买者作为支付报酬的主体，与劳动者完全处于对立的关系。后者是劳动者以双重的身份参与分配，他们既是劳动报酬的获得者，又是企业的主人，彼此之间处于完全平等的地位。第二，劳动者的地位不同。按劳分配体现了劳动者之间平等互助的关系，肯定了劳动者在生产过程中的主人翁地位。而按劳动力价值分配意味着劳动力成为商品，这完全否定了劳动者在生产过程中的主人地位，使劳动者仅仅作为一种生产要素而存在。第三，消费品的内容不同。在按劳分配情况下，劳动者获得的个人消费品包括生存资料、发展资料和享受资料，而在按劳动力价值分配的情况下，劳动者获得的消费资料仅限于生存资料的范围。劳动者获得的消费品的内容不同，决定了它所发挥的作用也不相同。按劳动力价值分配的工资收入起生活保障作用，它以再生产出劳动力为限。按劳分配的工资收入除了具有上述作用以外，还可以起到激发劳动者的生产积极性、促使劳动者全面而自由发展的作用。第四，获取的工资额不同。在按劳分配中，劳动者获得的工资额取决于社会总产品作了必要的扣除以后个人消费品的数量，它受生产力发展水平的影响，随劳动生产率的提高而增长。在按劳动力价值分配的情况下，劳动者获取的工资额决定于再生产劳动力所必需的生活资料的价值量，它随劳动生产率的提高而降低。第五，体现的经济范畴不同。按劳分配和按劳动力价值分配的实现过程可以概括为：劳动——工资——消费品和劳动力——工资——消费品，两者的前一个过程明显不同。劳动——工资是在劳动之后根据劳动者提供的劳动量进行，它属于分配范畴。劳动力——工资是在劳动过程之前根据劳动力的价值在市场上进行，它属于流通范畴。正因按劳动力价值分配与按劳分配存在着本质的差别，我们不能以按劳动力价值分配取代商品经济型按劳分配模式。

最后，商品经济型按劳分配模式和按劳动力价值分配有着一定的联系。由于商品经济型按劳分配模式和按劳动力价值分配处于商品经济之中，两者之间存在着一定的共同点：一是两者都受价值规律的影响；二是两者的实现媒介都是具有价值的货币；三是两者都包括生产和再生产劳动力必需的生活费用。商品经济型按劳分配模式和按劳动力价值分配之间的联系是非本质的、次要的，因此，这种联系不能取代两者之间的本质区别，按劳动力价值分配不能取代商品经济型按劳分配模式。

[原载《山西大学学报（哲学社会科学版）》1990 年第 3 期。中国人民大学复印报刊资料《政治经济学（社会主义部分）》1990 年第 9 期全文转载]

社会主义市场经济中按劳分配的特点

按劳分配是社会主义的一个本质特征，是贯穿于社会主义始终的一种分配方式。在社会主义发展的不同历史时期，由于条件的发展变化，按劳分配具有不同的特点。

一、马克思设想的社会主义按劳分配的特点

在马克思设想的未来社会主义社会中，生产力高度发达，全社会实现了单一的生产资料公有制，商品货币关系已不存在，按劳分配的主要特点

是：第一，个人劳动直接表现为社会劳动。第二，全社会单一的公有制决定了按劳分配属于宏观层次，社会是按劳分配的主体。第三，全社会可以采取统一的方法实现按劳分配，按劳分配的实现形式是单一的。第四，个人劳动直接表现为社会劳动，劳动支出等于劳动成果，劳动者支付个人劳动的多少集中表现在劳动成果上，劳动成果是物化形态的劳动，因此，按劳分配的“劳”是指物化形态的劳动。第五，按劳分配的“劳”是以其天然尺度——劳动时间来计量的。第六，按劳分配的实现媒介是没有价值的“劳动券”。第七，由于劳动者的劳动能力不同，按劳分配的结果是使不同劳动者之间的劳动收入出现了差别，这种差别呈现出缩小的趋势，因为劳动者接受教育的机会普遍得到增加，科学技术日益得到普及，劳动者得到全面发展的可能性越来越大。

二、社会主义市场经济中按劳分配的特点

在我国目前的社会主义实践中，不仅存在着商品生产和商品交换，而且经济体制改革的目标是建立社会主义市场经济体制，这就决定了社会主义按劳分配与马克思设想的按劳分配具有不同的特点。

第一，个人劳动不能直接表现为社会劳动。在社会

主义市场经济中，劳动者的个人劳动组成了企业的整体劳动，企业的整体劳动并不是社会劳动，只有经过市场上的交换，它才能转化为社会劳动，劳动者的个人劳动才能得到社会的承认。

第二，企业是按劳分配的主体。劳动者是在企业中参加劳动的，并且在企业生产经营成果的基础上进行分配，企业是独立的生产经营者，具有独立的经济利益，这就决定了企业是按劳分配的主体。由于各个企业的生产经营成果不同，相同的劳动在不同的企业就会得到不同的劳动报酬。

第三，按劳分配的实现形式灵活多样。按劳分配是在企业中实现的，企业有权决定本企业按劳分配的具体形式和办法。由于企业的生产条件以及生产经营特点不同，企业不可能采用统一的办法进行个人消费品的分配，按劳分配的实现形式不是单一的，而是灵活多样的。

第四，价值规律对按劳分配发生影响。在社会主义市场经济中，按劳分配的实现分为两个阶段，即劳动者的劳动转化为货币工资和货币工资转化为个人消费品。在第一阶段，由于社会必要劳动时间的作用，企业的整体劳动既可以按质按量地转化为社会劳动，还可以加倍地或部分地转化为社会劳动，这就使劳动者获得的劳动报酬与提供的劳动量出现了几种不同的情况。在第二阶段，由于市场上的消费品受到供求等因素的影响，价格上下波动，劳动者用货币工资可以购买到不同数量的消费品，这也会对按劳分配的最终实现产生一定的影响。

第五，劳动力的供求影响按劳分配的实现程度。社会主义市场经济的发展要求建立和开放劳动力市场。在存在劳动力市场的条件下，劳动力的供求必然影响到按劳分配的实现程度，即当某种劳动力供求趋于平衡时，劳动者按劳取酬；当某种劳动力供不应求时，该种劳动者就会得到高于劳动贡献的报酬；当某种劳动力供过于求时，该种劳动者就会得到低于劳动贡献的报酬。因此，劳动力的供求使劳动者获得的劳动报酬与提供的劳动量上下波动，从而影响到按劳分配的实现程度。

第六，按劳分配的“劳”是指有效劳动。在价值规律的作用下，劳动者支出的劳动不一定都能转化为社会劳动，劳动支出与劳动成果之间出现了一定的偏离，劳动者只能在企业生产经营成果的基础上进行分配，企业的生产经营成果不仅是劳动者提供的物化形态劳动，而且是为社会所承认的劳动，我们把这种物化形态的、为社会所承认的劳动称为有效劳动，它是社会主义市场经济中按劳分配“劳”的内容。

第七，按劳分配中包含有了非劳动的因素。劳动者是在企业生产经营成果的基础上进行按劳分配的，而企业的生产经营成果取决于多种因素。首先，它与企业中劳动者的辛勤劳动、技术熟练程度等劳动因素有关。其次，它与企业占有的生产资料状况、地理位置等非劳动因素有关，尽管国家对这些因素带来的收入征收级差税，它还是对企业的生产经营成果有一定的影响。最后，它受价值规律的影响，价格因素、供求因素等使企业的生产经营成果出现了不同的情况。因此，企业的生产经营成果并非都是劳动的成果，它还与一些非劳动因素有关，这就使社会主义市场经济中的按劳分配不是纯而又纯的，按劳分配中包含了非劳动因素。

第八，按劳分配的实现媒介是具有价值的货币工资。在社会主义市场经济中，按劳分配的实现媒介是货币工资，这种货币工资不是没有价值的“劳动券”，而是劳动者的劳动所创造价值的货币表现，通过这种货币工资，劳动者取得自己的劳动所创造的价值，然后再用它在市场上交换到自己所需要的生活消费品。因此，社会主义市场经济中按劳分配的实现需要价值插手其间。

第九，按劳分配的结果是一部分人较快地先富起来。在社会主义市场经济中，除了劳动者的劳动能力和主观努力程度不同外，企业的生产经营成果也不同，劳动者获得的个人收入中包含了非劳动收入，而非劳动收入不是每个劳动者都能均等地获得，这些因素都拉大了劳动者个人收入之间的差距，使一部分劳动者在较短的时间内较快地先富起来。

上述几方面的特点不是对按劳分配的否定，而是社会主义市场经济条件下按劳分配必然具有的新特点，是对马克思按劳分配理论的丰富和发展。

三、当前分配领域中存在的问题及其对策

目前，一些企业和个人的收入畸高，它不是实行按劳分配的结果，而是有着下述原因：第一，市场经济正常运行的条件还不具备。市场经济的正常运行是以完善的市场体系和合理的价格体系为条件的，而在我国现阶段，完整的市场体系还没有形成，各种生产要素市场还没有普遍建立，价格体系还不合理。第二，市场经济参与主体的行为不规范。在我国现阶段，许多生产经营活动与市场经济运行的准则相违背，如以假当真、以次充好、偷税漏税等，这些都使某些企业和个人获得了惊人的收入。第三，企业机制扭曲。由于企业与国家之间的产权关系模糊，企业没有进行自我积累的内在动力，行为趋于短期化，追求的目标往往是职工收入的最大化，而市场秩序的紊乱又为企业实现这种追求提供了条件。第四，宏观管理不完善。企业有了分配自主权，而国家的宏观管理措施却没有跟上，有关的法规不健全，而且执行不严格，消费资金的增长快于生产的发展。第五，攀比之风盛行。一些企业向高收入看齐，个人收入只能多，不能少，呈现出直线上升的趋势。

一部分人较快地先富起来与个人收入悬殊过大，两

者之间存在着本质的区别。一部分人较快地先富起来是以市场机制健全、市场经济正常运行为条件的，它与劳动者的辛勤劳动、善于经营密切相关，它能鼓励劳动者努力劳动、密切注意市场的发展变化，是社会主义市场经济中实行按劳分配的必然结果。而收入悬殊过大是在市场经济运行的条件不健全、企业机制扭曲、宏观管理不完善的情况下出现的，它与劳动者的劳动贡献相互脱钩，使劳动贡献大、收入低的劳动者产生了不满情绪，不利于调动劳动者的积极性，是我国经济体制转换过程中出现的一种暂时的现象。

要想解决个人收入悬殊过大的问题，一是完善市场体系，改革不合理的价格体系，为实现市场经济中的按劳分配创造必要的条件。二是在企业中引入股份制，变革企业的微观基础，使企业的行为和运行走上健康发展的轨道。三是加强国家的宏观管理和调控，完善各种法规和制度，协调各方面的改革措施，通过税收等经济手段对过高的个人收入进行适当的调节。四是使企业的工资分配和事业单位的工资分配彻底脱钩，精简机关富余人员，提高事业单位工作人员的工资水平，避免出现不合理的分配结构。

[原载《山西财经学院学报》（现改为《山西财经大学学报》）1993 年第 4 期]

从新的角度认识按劳分配与市场经济的关系

按劳分配是社会主义经济制度的一个重要特征。我国经济体制改革的目标是建立社会主义市场经济体制，因此，按劳分配与市场经济的关系已成为现实社会中一个不可回避的重要问题。搞清楚两者之间的关系，不仅有利于发展和完善马克思主义的理论宝库，而且有利于更好地实行按劳分配，更快地促进我国市场经济的发展。

一、从新的角度理解按劳分配

一般与特殊是事物存在的共性与特性的关系，事物之间因有共性而相互联系，因有特性而相互区别，共性寓于特性之中，并通过特性表现出来。根据马克思主义认识论这一原理，在理解按劳分配时，可以把它区分为按劳分配一般与按劳分配特殊。

（一）按劳分配一般与特殊

按劳分配一般是对各种具体按劳分配模式的理论概括，在现实社会中并不独立存在，只有通过具体的按劳分配模式才能体现出来，按劳分配一般反映的是各种具体按劳分配模式的共性，包括质和量两个方面的规定性。其本质规定是，以劳动者提供的劳动为尺度进行个人消费品的分配。这个规定包含着下述几点含义：第一，它体现了劳动者之间平等地占有公有的生产资料和平等的劳动权力。第二，它是各种具体按劳分配模式所具有的共同要求，具有绝对性，坚持了这个要求，就坚持了按劳分配。第三，它是一个简单的和抽象的规定，因为按劳分配一般没有指明劳动者提供的劳动是何种形式的劳动，也没有规定具体的实现媒介，只有充实和丰富原有的内容，把简单的规定转变为复杂的规定，按劳分配才能获得实现的可能性。按劳分配一般量的规定性是，劳动者获得的劳动报酬要与提供的劳动量相适应。首先，这个规定具有相对性，劳动者获得的劳动报酬与提供的劳动可以在数量上发生一定的变化，这是因为劳动量的衡量难以做到十分精确，即使劳动量的衡量精确了，其他因素的影响也会使劳动者的劳动报酬与提供的劳动量发生一定的偏离，所以，劳动报酬与劳动量只是大体上保持一定的比例关系。其次，量的规定也是简单、抽象的规定，因为劳动者提供的劳动可以是个人劳动、社会劳动等，劳动报酬可以是“劳动券”、货币工资等，在现实生活中，这个简单、抽象的规定一般要被复杂、具体的规定所替代。

按劳分配特殊是指现实中存在的各种具体按劳分配模式，它不仅反映按劳分配一般的共同要求，还反映各种具体按劳分配模式的特殊要求，各种具体按劳分配模式因有共性而成为同一的分配方式，因有特性而相互区别，成为不同的分配模式。按劳分配特殊有两种不同的模式，即产品经济中实现的产品经济型按劳分配模式和市场经济中实现的市场经济型按劳分配模式。由于两种分配模式借以实现的经济形式不同，两者具有不同的特点。马克思设想的按劳分配是在产品经济中实现的，是产品经济型按劳分配模式，在传统经济体制下，我国实行的就是这种分配模式。随着我国商品经济的发展和市场经济体制改革目标的确立，我国的分配模式正在由产品经济型按劳分配模式向市场经济型按劳分配模式转变。

（二）按劳分配的“劳”

对按劳分配“劳”的理解有多种不同的观点，基本上可以分为三种：一是劳动三形态说，二是劳动力价值说，三是有效劳动说。笔者认为，要想搞清楚按劳分配的“劳”，首先要区别按劳分配一般与按劳分配特殊，区分按劳分配特殊两种不同的模式，而不能把几种不同形式的按劳分配混为一谈，从中找到一个适合于几种模式的答案。如果是按劳分配一般，它所指的劳动就是劳动一般，再也没有什么更加复杂的规定。在产品经济型按劳分配模式中，社会有计划地把劳动分配于各个生产部门，个人劳动直接表现为社会劳动，劳动支出等于劳动成果，劳动者支付个人劳动的多少集中表现在劳动成果上，而劳动成果是物化形态的劳动，因此，产品经济中按劳分配的“劳”是指物化形态的劳动。在市场经济型按劳分配模式中，个人劳动不能直接表现为社会劳动，只有经过市场上的交换，个人劳动才能转化为社会劳动。在转化过程中，价值规律发生作用，使劳动支出与劳动成果发生偏离，而能进行分配的只是劳动成果，这种劳动成果是物化形态的劳动，也是为社会所承认的劳动，我们把它称为有效劳动。因此，市场经济中按劳分配的“劳”是指劳动者提供的有效劳动。

（三）按劳分配的定义

如何界定按劳分配？有的同志发表文章指出：“如果我们把马克思的按劳分配思想加以概括，就可得到如下的按劳分配定义：以生产资料公有、没有商品货币关系和劳动者的个别劳动是直接社会劳动为前提，劳动者与公有的生产资料相结合，进行统一生产、统一经营，以劳动为尺度进行统一分配，把消费资料分配给劳动者个人。”① 这种观点发表以后，有人提出异议，认为“马克思的按劳分配定义就是在公有制条件下对联合劳动者所实行的一种按每个劳动者提供给集体的劳动量（作了种种社会扣除之后）分配个人消费品的分配制度。”② 上述定义之所以会引起争议，原因之一是论者没有区分按劳分配一般与按劳分配特殊，没有区分两种不同形式的按劳分配模式，所下定义具有产品经济型按劳分配模式的前提和特点（没有商品货币关系，统一生产和经营），同时又具有按劳分配一般的内容（以劳动为尺度），这就把产品经济型按劳分配模式的

---

① 张问敏：“关于按劳分配理论的思考”，《经济研究》1987 年第 2 期。
② 刘克鉴：“也谈按劳分配与劳动所得”，《经济研究》1987 年第 7 期。

定义和按劳分配一般的定义混为一谈。上述定义引起争议的另一个原因是，论者没有抓住按劳分配的本质规定和核心内容，而是对实现的前提和特点进行了详细的描述，使人读后得不到一个本质的和简单的概括。其实，只要在定义中抓住按劳分配的本质规定，其他次要的东西已经包含在其中，没有必要加以详细陈述和说明。

在没有特定的前提下，我们通常所说的按劳分配是指按劳分配一般，由于按劳分配一般是个科学抽象，它的定义也最简单。笔者认为，以劳动者提供的劳动为尺度进行个人消费品分配，劳动者获得的劳动报酬与提供的劳动量相适应，这就是按劳分配一般的定义，它是质和量的统一，其内容前文已说明。

产品经济型按劳分配模式的定义可以概括为：以劳动者提供的个人劳动为尺度进行消费品的分配，劳动者从社会领取的劳动券与个人提供的劳动量相等（作了必要的社会扣除以后）。这个定义包括以下几点含义：第一，商品货币关系已不存在，个人劳动直接表现为社会劳动。第二，分配的依据是劳动者提供的个人劳动量。第三，分配的主体是社会，社会可以采取统一的方式进行分配。第四，劳动者从社会获得的劳动报酬是代表一定生活消费品的没有价值的劳动券。第五，劳动者之间是等量个人劳动相互交换的关系。

就市场经济型按劳分配模式来说，其定义可以是：以劳动者提供的有效劳动为尺度进行消费品的分配，劳动者从企业获得的货币工资与提供的有效劳动量相等。其含义有下面几点：第一，由于存在商品货币关系，个人劳动只有通过交换才能转化为社会劳动。第二，分配的依据是劳动者向社会提供的有效劳动。第三，企业是分配的主体，其生产经营成果对劳动者的劳动报酬发生一定的影响。第四，劳动者获得的劳动报酬是代表有效劳动量的具有价值的货币工资。第五，由于价值规律的影响，劳动者获得的生活消费品与实际付出的劳动量发生了一定的偏离，等量劳动交换为等价交换所替代。

二、按劳分配与市场经济相互统一

市场经济是社会资源的一种配置方式，它本身不具有社会属性，但它与不同的社会制度结合在一起，形成了不同形式的市场经济，具有不同的社会性质。社会主义市场经济是市场经济与社会主义制度相结合的产物。本文研究的主题是按劳分配与市场经济的关系，这里的按劳分配是指市场经济型按劳分配模式，市场经济是指社会主义市场经济。笔者认为，两者在下述几个方面具有统一性。

（一）实现和运行的条件相同

1. 两者都以生产力发展到一定阶段为客观基础。“分配方式本质上毕竟要取决于可分配的产品的数量”①，而可分配的产品数量是由生产力发展水平决定的，因此，任何一种分配方式都不能脱离生产力的发展水平，都要有与之相适应的物质基础。在原始社会，生产力极为低下，为了求得生存，公社成员必须以平均的方式分享劳动成果。在共产主义社会，生产力高度发达，产品极为丰富，人们可以按照自己的需要获取生活消费品。除去生产力发展的上述两个极端阶段，生产力发展到一定水平，每个劳动者依靠自己的劳动成果能够生存下去，是实现按劳分配不可缺少的物质基础。市场经济是在发达商品经济基础上运行的，而发达的商品经济是社会分工发展到一定阶段的产物，是社会化大生产的必然结果。因此，按劳分配和市场经济都以生产力发展到一定水平为客观的物质基础。

2. 两者都与生产资料公有制相联系。“消费资料的任何一种分配，都不过是生产条件本身分配的结果。”②

① 《马克思恩格斯选集》第四卷，人民出版社1972年版，第475页。
② 《马克思恩格斯选集》第三卷，人民出版社1972年版，第13页。

生产条件的分配主要是指生产资料所有制形式，生产资料归谁所有，劳动产品就归谁所有。在生产资料公有制的条件下，广大劳动者共同劳动，共同占有劳动成果，消除了凭借生产资料所有权剥削他人的现象，为实现按劳分配提供了必要的条件，没有这个条件，不管是哪种形式的按劳分配模式，都无法得到实现。社会主义市场经济是在生产资料公有制的基础上运行的，没有生产资料公有制，就不会有社会主义市场经济。因此，市场经济型按劳分配模式和社会主义市场经济都是与生产资料公有制紧密地结合在一起的。

3. 两者都离不开完善的市场体系。在市场经济型按劳分配模式中，劳动者把自己的劳动提供给企业，组成了企业的整体劳动，只有在市场上通过交换，企业的整体劳动才能转化为社会劳动。劳动者在企业生产经营成果的基础上进行分配，得到的只是一定数量的货币工资，只有在市场上，劳动者才能用货币工资交换到所需要的生活消费品，按劳分配才能得到最终的实现。如果市场体系不健全，价格扭曲，市场经济型按劳分配模式就不能很好的实现。完善的市场体系是各种形式市场经济运行不可缺少的必要条件，要想使社会主义市场经济处于正常的运行状态，必须建立完善的市场体系。因此，市场经济型按劳分配模式的实现和社会主义市场经济的运行都以完善的市场体系为条件。

（二）体现的关系相同

在市场经济型按劳分配模式中，劳动者是在企业参加生产和进行分配的，企业是分配的主体。在社会主义市场经济中，企业是基本的生产经营单位，是市场经济的参与主体。由于社会主义市场经济中的企业是以生产资料公有制为基础而组建起来的，这就决定了按劳分配与市场经济所体现的关系相同。

1. 两者都体现了平等的关系。在市场经济型按劳分配模式中，劳动者都拥有平等的劳动权力，都凭自己的劳动分享劳动成果，谁都不能凭借生产资料所有权无偿地占有他人的劳动成果，彼此之间处于相互平等的地位。在社会主义市场经济中，企业都享有同样的生产经营自主权，彼此之间公平竞争、等价交换，关系完全平等。因此，市场经济型按劳分配模式和社会主义市场经济分别体现了劳动者之间和企业之间平等的关系。

2. 两者都体现了不同的利益关系。“人们奋斗所争取的一切，都同他们的利益有关”①。虽然社会主义建立了生产资料公有制，但生产力的发展并没有达到物质产品极为丰富的程度，人们之间仍然存在着不同的利益，在共同劳动成果的基础上，只有以劳动为尺度进行

---

① 《马克思恩格斯全集》第1卷，人民出版社1961年版，第82页。

个人消费品的分配，才能实现劳动者的物质利益。在社会主义市场经济中，企业是具有不同经济利益的生产经营者，彼此间存在着明确的界限，等价交换的原则把不同的企业联系起来，并且实现了企业之间不同的利益。因此，市场经济型按劳分配模式和社会主义市场经济分别体现了劳动者之间和企业之间不同的利益关系。

（三）发挥作用的经济规律相同

1. 两者都受价值规律的支配。价值规律是市场经济的基本规律，对整个社会主义市场经济的运行都发生作用，使生产、交换、分配和消费都不能摆脱它所规定的轨迹。市场经济型按劳分配是社会主义市场经济中个人消费品的分配方式，它必然受到价值规律的影响，这是不以人的主观愿望为转移的。在以往的经济学论著中，人们在论述价值规律的作用时，只注意到价值规律对生产和流通的作用，而忽视了价值规律对分配的作用。例如，著名经济学家蒋学模主编的《政治经济学教材》把价值规律对社会主义生产和流通的调节作用分别作为专门问题来讨论，而对于价值规律对按劳分配的作用却不做任何分析①。因此，我们有必要深入研究价值规律是如何影响市场经济型按劳分配模式的。

---

① 蒋学模主编：《政治经济学教材》，上海人民出版社 1998 年版。

首先，社会必要劳动时间对市场经济型按劳分配模式有重要的影响。市场经济型按劳分配模式的实现过程分为“劳动—货币工资”和“货币工资—消费品”两个阶段，在第一阶段中，企业的整体劳动是个别劳动，只有经过社会必要劳动时间的过滤，才能转化为社会劳动。在社会必要劳动时间的影响下，企业的整体劳动可以转化为不同量的社会劳动。第一，如果企业生产某种商品的个别劳动时间符合社会必要劳动时间的要求，企业的整体劳动按质按量转化为社会劳动，劳动者在企业生产经营成果的基础上进行分配，获得的劳动报酬与付出的劳动量相互一致。第二，如果企业生产某种商品的个别劳动时间少于社会必要劳动时间，商品按市场上的价格出售，企业的整体劳动就会加倍地转化为社会劳动，劳动者在此基础上进行分配，就会得到多于劳动支出的劳动报酬。第三，如果企业生产某种商品的个别劳动时间多于社会必要劳动时间，劳动者就会得到少于劳动支出的劳动报酬。

其次，市场经济型按劳分配模式中贯穿着等价交换的原则。“劳动—货币工资”阶段结束以后，劳动者获得了一定数量的货币工资，只有劳动者用货币工资交换到与其价值量相等的消费品，按劳分配才能得到最终的实现。由于消费品在市场上受到供求因素的影响，价格围绕价值上下波动，市场经济型按劳分配模式实现过程的第二阶段会出现下述两种情况：一是商品的价值与价格一致，劳动者用货币工资交换到的消费品的价值与货币工资所代表的价值相等。二是商品的价格高于或低于价值，劳动者用货币工资交换到的消费品的价值就会少于或多于货币工资所代表的价值，“货币工资—消费品”不是一个等量价值相交换的过程。这种情况似乎违背了等价交换的原则，实际上并不是如此。因为：第一，等价交换并不是要求每次交换的价值都绝对相等，它具有一定的相对性，只存在于平均数中。第二，从一个较长过程来考察，商品价格的上涨部分和下跌部分可以相互抵消，劳动者用一定货币工资额购买到较多的消费品与购买到较少的消费品趋于平衡，“货币工资—消费品”仍是等价交换。第三，从整个商品界的交换活动来考察，劳动者为了生活，必须购买不同的商品，这样，劳动者以高于价值的价格买到一些消费品，又以低于价值的价格买到另一些消费品，各种消费品价值与价格之间的背离可以相互抵消，“货币工资—消费品”仍是一个等价交换的过程。

2. 两者都受供求规律的影响。供求规律反映的是商品供求量与商品价格之间的内在联系。在社会主义市场经济的运行中，商品供给量和社会需求量的平衡与失衡使商品的价格围绕价值上下波动，这种波动调节着社会资源在各个生产部门的分配，这表明供求规律在社会主义市场经济中发挥着作用。市场经济型按劳分配模式的实现过程与商品的价格密切相关，而商品价格的高低又受供求规律的影响，因此，市场经济型按劳分配模式的实现过程必然受到供求规律的影响。在社会主义市场经济中，不管劳动力是否成为商品，市场经济的运行要求开放劳动力市场，以便为劳动力的流动提供适当的场所。在存在劳动力市场的条件下，劳动力的供求会影响到按劳分配的实现程度，使劳动者获得的货币工资围绕着劳动者所提供的劳动量上下波动。即当某种劳动力供不应求时，该种劳动力获得的货币工资就会多于提供的劳动量；当某种劳动力供过于求时，该种劳动力获得的货币工资就会少于提供的劳动量。因此，市场经济型按劳分配模式的实现也受到供求规律的影响。

（四）实现和运行的结果相同

市场经济型按劳分配模式的实现和社会主义市场经济的运行可以产生相同的效应。首先，两者都产生了利益上的差别性。由于劳动者的劳动能力和主观努力程度不同，劳动者在同一时间内提供的劳动量互不相同，就是实行产品经济型按劳分配模式，也会使劳动者之间的劳动收入出现差别。在市场经济型按劳分配模式中，不仅劳动者提供的劳动量不同，企业的生产经营成果也不同，这就拉大了劳动者之间的个人收入差距，使一部分劳动者在较短的时间内较快地先富起来。在社会主义市场经济中，由于价值规律的作用，一些条件好、技术先进的企业得到了发展，另一些条件差、技术落后的企业处于亏损状态，其结果是使不同企业之间的经济效益出现了明显的差别。其次，两者都对经济的发展起到了积极的作用。市场经济型按劳分配模式是以劳动者提供的有效劳动为尺度在企业范围内进行分配的，这种分配模式能调动起劳动者的积极性，使劳动者不断自觉地提高自身的文化水平和技术水平，使劳动者从关心自身利益的基础上关心企业的生产经营活动，这些都有利于提高企业的经济效益，促进经济的发展。社会主义市场经济把市场机制与计划机制有效地结合起来，使两者共同发挥调节作用，相互取长补短，其结果是使社会资源得到最优配置。在社会主义市场经济中，价值规律的作用促使企业不断采用新技术，努力提高生产效率，其结果是使经济得到发展。

上述分析表明，市场经济型按劳分配模式与社会主义市场经济是相互统一的，只有把两者有效地结合起来，让其共同发挥各自的作用，才能更好地实行按劳分配，充分发挥社会主义市场经济的优越性，更快地促进我国现阶段市场经济的发展。

［原载《山西大学师范学院学报》（现改为《太原师范学院学报（哲学社会科学版）》）2000 年第 1 期］

社会主义市场经济与按劳分配相互统一

党的十四大报告明确指出，我国经济体制改革的目标是建立社会主义市场经济体制，按劳分配是我国社会主义的一种主要分配方式。因此，实践的发展要求我们搞清楚市场经济与按劳分配之间的关系。

一、社会主义市场经济的特征

市场经济是社会资源的一种配置方式，它本身不具有社会属性，但它与不同的社会制度结合在一起，形成了不同形式的市场经济，具有不同的社会性质。社会主义市场经济是市场经济与社会主义制度相结合的产物，它具有下述特性：

1. 市场经济建立的基础是社会主义商品经济。社会主义商品经济包括两个方面的含义：首先，社会主义是比资本主义更高的一种形态，它与社会化大生产相联系，具有较高的生产力，因此，社会主义商品经济是一种发达的商品经济。其次，虽然社会主义社会存在多种经济形式，但占主导地位的是生产资料公有制，因此，社会主义商品经济是以生产资料公有制为基础的。上述两点表明，社会主义市场经济是在发达的商品经济和生产资料公有制基础上运行的一种经济体制，这不仅符合社会主义一般的共同要求，而且具有自己的特殊性质。

2. 市场经济的参与主体是社会主义企业。不管社会主义企业采取何种经营方式和组织形式，就其本质来说，具有下述特征：（1）企业的产权属于国家所有，国有资产管理局负责管理和运营国有资产，但并不直接经营企业。（2）企业拥有独立的经营权，自负盈亏，以盈利为目标。（3）企业中的劳动者都是企业的主人，彼此处于相互平等的地位，劳动者与经营管理者之间只是工作岗位的不同。因此，社会主义市场经济体现了一种新型的生产关系。

3. 市场经济的运行能把市场机制与计划机制有效地结合起来。在社会主义市场经济中，市场机制是配置社会资源和调节经济活动的一种主要方式，但它具有滞后性和盲目性，需要用计划机制和宏观调控手段加以弥补和完善，而生产资料公有制的实现，适应了社会化大生产的客观要求，使国家掌握了强大的经济力量，国家完全可以根据价值规律的要求和社会发展的需要，启动计划机制和宏观调控手段，并使之与市场机制有效地结合起来。因此，社会主义市场经济是一种完善的运行机制。

4. 市场经济运行的结果是促进了经济的发展，使一部分劳动者先富起来。在社会主义市场经济中，价值规律发挥着作用，商品的价值量是由社会必要劳动时间决定的，企业为了在激烈的竞争中处于有利地位，不断采用新技术和提高管理水平，以缩短生产某种商品的个别劳动时间，其结果是促进了生产力的发展，使企业的经济效益出现了差别。按劳分配是在企业生产经营成果的基础上进行的，由于企业的经济效益和劳动者的贡献不同，这就使劳动者之间的个人收入出现了不同，一部分劳动者凭劳动在共同富裕的道路上先富起来。

二、市场经济与按劳分配的统一性

通过对社会主义市场经济的特殊性质进行分析，我们可以看到，社会主义市场经济与按劳分配在以下十个方面具有统一性：

1. 两者都以生产力发展到一定阶段为客观物质基础。社会主义市场经济是在发达的商品经济基础上运行的，而发达的商品经济是生产力发展到一定阶段的产物，是社会化大生产的必然结果。按劳分配是一种分配方式，“分配方式本质上毕竟要取决于可分配的产品的数量。”① 而可分配产品的数量是由生产力发展水平决定的。因此，任何一种分配方式都不能脱离生产力的发展水平，都要有与之相适应的物质基础。在原始社会，生产力极为低下，为了求得生存，公社成员必须以平均的方式分享劳动成果。在共产主义社会，生产力高度发达，产品极为丰富，人们可以按照自己的需求获取生活消费品。除去生产力发展的上述两个极端阶段，生产力发展到一定水平，每个劳动者依靠自己的劳动成果能够生存下去，是实现按劳分配不可缺少的物质基础。因此，社会主义市场经济和按劳分配都以生产力发展到一定阶段为客观的物质基础。

2. 两者都与生产资料公有制相联系。社会主义市场经济是市场经济与生产资料公有制相结合的产物，如果没有生产资料公有制，就不会有社会主义市场经济。按劳分配的实现也离不开生产资料公有制。“消费资料的任何一种分配，都不过是生产条件本身分配的结

---

① 《马克思恩格斯选集》第四卷，人民出版社 1972 年版，第 475 页。

果。”[①] 生产条件的分配主要是指生产资料所有制形式。在生产资料公有制的条件下，广大劳动者共同劳动，共同占有劳动成果，消除了凭借生产资料所有权剥削他人的现象，为实现按劳分配提供了必要的条件，没有这个条件，按劳分配就无法得到实现。因此，社会主义市场经济和按劳分配都与生产资料公有制相联系。

3. 两者都体现了平等的关系。在社会主义市场经济中，企业都享有同样的生产经营自主权，企业之间公平竞争，等价交换，统一按章纳税，彼此完全平等。在按劳分配中，由于实现了生产资料公有制，劳动者都拥有平等的择业和劳动的权利，劳动者都凭自己的劳动分享劳动成果，彼此之间处于相互平等的地位，谁都不能剥夺他人应享有的权利，也不能无偿地占有他人的劳动成果。因此，社会主义市场经济和按劳分配分别体现了企业之间和劳动者之间平等的关系。

4. 两者都以企业为主体。企业是社会主义市场经济的基本组成单位，是市场经济的参与主体，如果没有企业的参与，市场经济就难以运行起来。在按劳分配中，企业是劳动者参加生产劳动的基本单位，劳动者是在企业生产经营成果的基础上进行分配的，这就决定了按劳分配不是由社会来进行，而只能由企业来进行。企业是实现按劳分配的主体，企业的经济效益不同，不同

① 《马克思恩格斯选集》第三卷，人民出版社 1972 年版，第 13 页。

企业的劳动者就会得到不同的劳动收入。因此，社会主义市场经济的运行和按劳分配的实现都离不开企业。

5. 两者都是物质利益的体现。在社会主义市场经济中，企业具有不同的经济利益，彼此之间存在着明确的界限，等价交换的原则把它们联系起来。按劳分配的实现也是以物质利益的存在为条件的。“人们奋斗所争取的一切，都同他们的利益有关”①，虽然社会主义建立了生产资料公有制，但生产力的发展并没有达到物质产品极为丰富的程度，人们之间仍然存在不同的物质利益，任何一个劳动者都不能无偿地占有他人的劳动成果，也不能无条件地放弃自己的劳动成果。在共同劳动成果的基础上，只有以劳动为尺度进行个人消费品的分配，才能实现劳动者的个人物质利益。因此，社会主义市场经济和按劳分配都是不同物质利益的具体体现。

6. 两者都离不开完善的市场体系。要想使社会主义市场经济处于正常的运行状态，必须建立完善的市场体系，这是市场经济正常运行不可缺少的必要条件。按劳分配的实现也离不开完善的市场体系。在按劳分配中，劳动者把自己的劳动提供给企业，组成了企业的个别劳动，只有在市场上，企业的个别劳动才能转换成社会劳动。劳动者把劳动提供给企业后，得到的只是一定数量的货币工资，而不是生活消费品，只有在市场上，

---

① 《马克思恩格斯全集》第1卷，人民出版社1961年版，第82页。

劳动者才能用货币工资交换到所需要的生活消费品，按劳分配才能得到最终的实现。如果市场体系不存在，按劳分配就不能得到实现，就是市场体系不完善，按劳分配也不能很好地得到实现。因此，社会主义市场经济的运行和按劳分配的实现都是以完善的市场体系为条件的。

7. 两者都受到价值规律的支配。价值规律是商品经济的基本规律，也是市场经济运行必须遵循的一个规律，整个社会主义市场经济的运行都是围绕价值规律展开的。按劳分配的实现过程也受到价值规律的影响。首先，要想实现按劳分配，必须把企业个别劳动转变为社会劳动，这一转变过程受到价值规律的影响，使企业的个别劳动加倍地或部分地转变为社会劳动，这就使企业的经济效益出现了明显的不同。其次，劳动者得到货币工资后，必须把它转变为生活消费品，在这一转变过程中，价值规律的作用使商品的价格围绕价值上下波动，劳动者可以获得多于或少于货币工资价值额所代表的消费品。因此，价值规律在社会主义市场经济和按劳分配中都发挥着调节作用。

8. 两者都受供求规律的影响。在社会主义市场经济的运行中，商品供给量与社会需求量的平衡与失衡使商品的价格围绕价值上下波动，这种波动调节着社会资源在各个生产部门的分配。另一方面，不管劳动力是不是商品，市场经济的运行要求开放劳动力市场，在存在劳动力市场的条件下，劳动力的供求也会影响到按劳分配的实现程度，使劳动者获得的货币工资额围绕着劳动者提供的劳动量上下波动。即当某种劳动力供不应求时，该种劳动力获得的货币工资额就会多于提供的劳动量，当某种劳动力供过于求时，该种劳动力获得的货币工资额就会少于提供的劳动量。因此，社会主义市场经济的运行和按劳分配的实现都受到供求规律的影响。

9. 两者都对经济发展起到了积极的作用。社会主义市场经济把市场机制与计划机制有效地结合起来，使两者相互取长补短，共同发挥调节作用，其结果是使社会资源得到最优配置，使企业的经济效益得到提高。按劳分配是以劳动者提供的有效劳动为尺度在企业范围内进行分配的，这种分配方式能调动劳动者的劳动积极性，使劳动者不断提高自身素质和技术水平，它还能够使劳动者从自身的物质利益出发，关心企业经营成果，这些都有利于提高企业的效益。因此，社会主义市场经济和按劳分配都对经济发展起到了积极的促进作用。

10. 两者都产生了利益上的差别性。社会主义市场经济运行的结果是使一些企业得到发展，使另一些企业处于亏损状态，不同的企业有了不同的生产经营成果。在按劳分配中，由于劳动者的劳动能力和主观努力程度不同，劳动者在同一时间内提供的劳动量是不同的，即使企业的生产经营成果相同，按劳分配的结果也是使劳动者之间的劳动收入出现了差别，一部分劳动者凭劳动先富起来。因此，社会主义市场经济和按劳分配都产生了利益上的差别，一个是企业之间经营成果的差别，一个是劳动者之间劳动收入的差别。

上述分析表明，社会主义市场经济与按劳分配并不是相互矛盾的，而是相互统一的，只有把两者有效地结合起来，让其共同发挥作用，才能调动劳动者的生产积极性，才能发挥出社会主义市场经济的优越性，更好地促进我国现阶段生产力的飞快发展。

［原载《经济问题》1993 年第 6 期，中国人民大学复印报刊资料《政治经济学（社会主义部分）》1993 年第 8 期全文转载；中国社会科学院经济研究所《经济研究资料（文摘版）》1993 年第 18 期转载 1700 字］

价值规律对商品经济型按劳分配模式的影响

价值规律是商品经济的基本规律，它对整个商品经济的运动都发生影响，使生产、交换、分配和消费都不能摆脱它所规定的运动轨迹。商品经济型按劳分配模式是按劳分配的一种具体实现形式，是个人消费品的一种分配模式，它必然受到价值规律的影响，这是不以人的主观意志为转移的。在以往的经济学论著中，人们在论述价值规律的作用时，只注意到价值规律对生产和流通的作用，而忽视了价值规律对分配的作用。例如，蒋学模主编的《政治经济学教材》把价值规律对社会主义生产和流通的调节作用分别列为专门问题来讨论，而对于价值规律对按劳分配的作用却不做任何分析①。南方十六所高校编写的《政治经济学（社会主义部分）》② 也是如此。因此，我们有必要深入研究价值规律是如何对商品经济型按劳分配模式发生作用的。

一、社会必要劳动时间对按劳分配的影响

社会必要劳动时间有两层含义，第一层含义的社会必要劳动时间涉及商品价值的决定，第二层含义的社会必要劳动时间涉及商品价值的实现。由于两层含义的社会必要劳动时间不同，它们对商品经济型按劳分配模式的影响也有所不同。

（一）第一层含义社会必要劳动时间的影响

在商品经济中，由劳动者的个人劳动所组成的企业整体劳动仍是个别劳动，只有经过第一层含义社会必要劳动时间的过滤，它才能转化为社会劳动。在第一层含义社会必要劳动时间的影响下，企业整体劳动转化为社

① 蒋学模主编：《政治经济学教材》，上海人民出版社 1983 年版。

② 南方十六所高校编：《政治经济学（社会主义部分）》，四川人民出版社 1982 年版。

会劳动的情况不同，劳动者获得的劳动报酬也会出现下述几种情况：第一，如果某一企业生产某种商品的个别劳动时间符合第一层含义社会必要劳动时间的要求，该企业的个别劳动按质按量转化为社会劳动，劳动者在企业生产经营成果的基础上进行分配，就是按照实际付出的个人劳动进行分配，获得的劳动报酬与劳动支出相一致。第二，如果某一企业生产某种商品的个别劳动时间少于第一层含义的社会必要劳动时间，商品按照市场上的价值出售，该企业的个别劳动就会加倍地转化为社会劳动。劳动者以比个人劳动倍增了的或扩大了的社会劳动为尺度进行分配，就会得到多于劳动支出的劳动报酬。第三，如果某一企业生产某种商品的个别劳动时间多于第一层含义的社会必要劳动时间，该企业个别劳动的一部分不能转化为社会劳动，为社会所承认的有效劳动缩小了或减少了，劳动者以这种劳动为尺度进行分配，就会得到少于劳动支出的劳动报酬。

（二）第二层含义社会必要劳动时间的影响

第一层含义的社会必要劳动时间决定商品的价值，这种价值决定是以商品供求一致为前提的。在现实经济生活中，某种商品的供给与需求往往不一致，因此，除了价值决定以外，价值实现即第二层含义的社会必要劳动时间也对企业的生产经营成果发生一定的影响，从而影响到劳动者的劳动报酬。第一，如果分配到某一生产部门的劳动时间符合社会需要，商品按照价值出售，投在该部门的劳动按质按量转化为社会劳动，企业的生产经营成果以及劳动者的劳动报酬仍由第一层含义的社会必要劳动时间决定。第二，如果分配到某一生产部门的劳动时间超过了社会需要，该种商品的供给大于需求，商品以低于价值的价格出售，企业整体劳动的一部分转化为社会劳动，另一部分成为无效劳动，为社会所承认的劳动少于劳动者实际付出的劳动，劳动者得到的劳动报酬少于劳动支出。第三，如果分配到某一生产部门的劳动时间少于社会需要，该种商品的需求大于供给，商品以高于价值的价格出售，企业的整体劳动加倍地得到社会承认，劳动者在企业生产经营成果的基础上进行分配，就会得到多于劳动支出的劳动报酬。

由上述分析可以看出，在两层含义社会必要劳动时间的影响下，企业的个别劳动转化为社会劳动发生了两次偏离，经过两次偏离，企业的劳动投入已不等于劳动成果。劳动者的劳动报酬不仅取决于劳动者支付的劳动量，还取决于企业的生产经营成果，双重决定使商品经济型按劳分配模式获得了促使劳动者努力劳动、主动关心企业生产经营成果，密切注意市场发展变化的运行机制。

二、按劳分配中贯穿着等价交换的原则

（一）按劳分配与等价交换的关系

按劳分配与等价交换的关系如何？早在20世纪50年代末期理论界就开始讨论这个问题。一种观点认为，按劳分配中的等劳交换与商品经济中的等价交换是完全一致的[①]。另一种观点认为，等劳交换与等价交换是两种不同的经济关系，因而不能同时存在于一种关系之中[②]。第三种观点认为，除了生产资料的差别不再影响劳动者的收入这一点外，按劳分配中的等劳交换与价值关系中的等劳交换在各方面都是相同的[③]。

上述几种观点都没有区分产品经济型按劳分配模式与商品经济型按劳分配模式，从而难以达到一致的看法。由于产品经济型按劳分配模式与商品经济型按劳分配模式具有不同的特点，两者与等价交换的关系也有所不同。我认为，要想搞清楚等劳交换与等价交换的关系，必须搞清楚下述几个问题。

---

① 关梦觉："关于等价交换和按劳分配的若干问题"，《红旗》1959年第22期。

② 胡钧："关于全民所有制内部商品价值形式问题"，《红旗》1959年第12期。

③ 卫兴华："谈谈按劳分配与等价交换的关系"，《光明日报》1959年11月23日。

首先要分析等价交换所具有的特征。商品的价值量是由生产商品所耗费的社会必要劳动量决定的，商品之间的等价交换实质上是等量社会必要劳动量的交换，这种交换具有下述几个特征：（1）它是不同种、不同质劳动的交换；（2）它必须通过市场来实现，“等价物的交换只存在于平均数中，并不是存在每个个别场合”①；（3）它不能排除掉物质生产条件的影响，因为社会必要劳动中包含有这个因素；（4）它反映了商品生产者之间不同的物质利益，在相互交换商品时，必须以价值量相等为准绳。

其次要分析不同按劳分配模式中的等劳交换与等价交换之间的关系。在产品经济型按劳分配模式中，“劳”是指劳动者支付的个人劳动，等劳交换是指等量个人劳动的交换，这种交换具有下述特征：（1）它是不同种、不同质劳动的交换；（2）它是通过社会管理中心来实现的；（3）它排除了物质生产条件对劳动交换的影响；（4）它反映了劳动者之间根本利益一致基础上的物质利益差别。在商品经济型按劳分配模式中，“劳”是指为社会所承认的有效劳动，等劳交换是指等量有效劳动的交换，这种交换具有下述特征：（1）它是不同种、不同质劳动的交换；（2）它要通过市场来实现，等劳交换只存在于平均数中；（3）它在原则上

① 《马克思恩格斯全集》第19卷，人民出版社1965年版，第21页。

排除物质生产条件的影响，但价值规律的作用使非劳因素渗入其中；（4）它体现了劳动者之间不同的物质利益。由此可见，产品经济型按劳分配模式中的等劳交换与等价交换既有联系，又有区别；商品经济型按劳分配模式中的等劳交换则基本具备等价交换的全部特征，已经转化为等量社会必要劳动的交换。

最后要研究商品经济型按劳分配模式是如何贯彻等价交换原则的。

（二）等价交换是如何得到实现的

1. 就劳动—货币工资来说。按劳分配的实现过程可以分为劳动转化为货币工资、货币工资转化为消费品两个阶段，在这两个阶段中，等价交换原则得到了贯彻，首先就第一阶段劳动—货币工资来说。

第一，如果企业生产某种商品的个别劳动时间以及分配到企业所在部门的劳动时间符合两层含义社会必要劳动时间的要求，企业的个别劳动按质按量转化为社会劳动，劳动者以社会所承认的劳动尺度进行分配，获得的货币工资所代表的劳动与实际支付的劳动相等（作了必要的社会扣除），劳动—货币工资不仅是等量社会必要劳动的交换，而且是等量个人劳动的交换，但这只是一种偶然现象。

第二，如果企业生产某种商品的个别劳动时间以及分配到企业所在部门的劳动时间按同一方向与两层含义社会必要劳动时间发生偏离，就会出现下述两种情况：一种情况是：企业生产商品的个别劳动时间少于第一层含义社会必要劳动时间，企业所在部门生产的商品少于社会需要（两个少于），前者使企业的个别劳动加倍地转化为社会劳动，后者使企业生产的商品按照高于价值的价格出售，两方面综合作用的结果使企业的生产经营成果高于其劳动投入，劳动者在此基础上进行分配，获得的货币工资就会多于实际支付的劳动。另一种情况是，企业生产商品的个别劳动时间多于第一层含义社会必要劳动时间，企业所在部门生产的商品多于社会需要（两个多于），就会出现与上一种情况相反的结局。在这两种情况中，尽管劳动者获得的货币工资多于或少于实际支付的劳动，但与社会所承认的劳动量相等，劳动—货币工资仍是一个等量社会必要劳动相交换的过程。

第三，如果企业生产某种商品的个别劳动时间以及分配到企业所在部门的劳动时间按两个相反的方向与两层含义社会必要劳动时间发生偏离，即企业生产某种商品的个别劳动时间少于第一层含义社会必要劳动时间，企业所在部门生产的商品多于社会需要（一个少于，一个多于，或者相反），依照两种偏离程度的大小，就会出现多种不同的组合。只要两种相反的偏离不能相互抵消，企业的个别劳动必然受到两层含义社会必要劳动时间的影响，加倍地或部分地转化为社会劳动，从而使劳动者获得的货币工资与实际支付的劳动出现偏离，但与社会所承认的劳动相等，劳动—货币工资仍然没有违背等价交换的原则。

2. 就货币工资—消费品来说。按劳分配的第一阶段结束后，劳动者获得了一定数量的货币工资，只有劳动者用货币工资交换到与其价值量相等的消费品，按劳分配才能得到最终的实现。由于消费品在市场上受到供求规律等因素的影响，价格围绕价值上下波动，即使抽象掉货币出现增值或贬值的情况，抽象掉货币存入银行可以得到一定利息的情况，货币工资—消费品的实现也会出现下述两种情况：一是在商品的价格与价值一致的情况下，劳动者用货币工资交换到的消费品的价值与货币工资所代表的价值相等，货币工资—消费品是一个等量价值交换过程。二是在商品的价格高于或低于价值的情况下，劳动者用货币工资交换到的消费品的价值就会少于或多于货币工资所代表的价值，货币工资—消费品不是一个等量价值相交换的过程。

在后一种情况中，劳动者用货币工资交换到的消费品的价值与其所代表的价值不是一个等量，这似乎违背了等价交换的原则，实际上并不是这样。因为：第一，尽管货币工资—消费品不是一个等价交换，但两者之间的差额不会太大。等价交换并不是要求每次交换的价值量都绝对相对，它具有一定的相对性，只存在于平均数中。第二，从一个较长过程来考察，商品价格的上涨部分和下跌部分可以相互抵消，劳动者用一定货币工资购买到较多的消费品与购买到较少的消费品可以相互抵消，货币工资—消费品仍然是等价交换。第三，从整个商品界的交换活动来考察，劳动者为了维持生活，必须购买各种不同的商品，这样，劳动者以高于价值的价格购买到某些消费品，又以低于价值的价格购买到另一些消费品，各种消费品价值与价格之间的背离可以相互抵消，货币工资—消费品仍是等价交换。

等价交换是价值规律的一个重要内容，是商品经济运行必须遵循的一个原则。在商品经济型按劳分 配模式中，等劳交换已转化为等价交换，按劳分配的实现过程贯穿着等价交换的原则。因此，商品经济与商品经济型按劳分配模式实行的是同一原则，是在同一轨道上运行的，两者具有内在的统一性。

[原载《山西大学师范学院学报》（现改为《太原师范学院学报（哲学社会科学版)》）1990 年第 1 期]

按劳分配与按劳动力价值分配的关系

一、理论界不同的观点

目前，经济理论界就按劳分配与按劳动力价值分配之间的关系展开了讨论，提出了许多不同的观点。这些观点大致可以概括为四种：第一种观点认为，社会主义市场经济中只存在按劳动力价值分配，不存在按劳分配[①]。第二种观点认为，社会主义只能实行按劳分配，不存在按劳动力价

① 张剑："从按劳分配到按劳动力价值分配"，《南开经济研究》1995 年第 5 期。

值分配[①]。第三种观点认为，按劳分配与按劳动力价值分配相互联系，又相互区别[②]。第四种观点认为，按劳分配实际上就是按劳动力价值分配[③]。笔者认为，按劳分配与按劳动力价值分配在实现的条件、分配的依据、产生的结果等方面互不相同，是两种不同的分配方式，但两者可以同时并存于社会主义市场经济体系之中，共同发挥作用，共同决定劳动者的工资收入。由于生产资料公有制在社会主义市场经济中占主导地位，社会主义的生产目的是为了满足广大劳动者不断增长的物质文化生活需要，这就决定了按劳分配是一种起主导作用的分配方式，按劳动力价值分配只能是一种起补充作用的分配方式。

二、按劳动力价值分配对按劳分配的补充作用

按劳动力价值分配对按劳分配的补充作用可以分为两种类型。一是从全社会来看，在按劳分配不发挥作用

① 冯宝兴："劳动力商品论不能成为构造社会主义市场经济体制的理论支柱"，《高校理论战线》1995 年第 5 期。

② 刘平量："按劳分配与按劳动力价值分配的相互关系浅析"，《求索》1994 年第 6 期。

③ 陈承明："按劳分配与劳动力商品的内在联系及其结合"，《学术月刊》1993 年第 11 期。

的范围内，如在外资企业、私人企业中，资本所有者凭借资本所有权获取利润，劳动者按劳动力价值获取工资，按劳动力价值分配成为劳动者获取工资的一种分配方式，这是一种替代型的补充作用，已得到了人们的公认。党的十三大报告就明确指出：社会主义初级阶段的分配方式不可能是单一的，我们必须坚持的原则是，以按劳分配为主体，其他分配方式为补充。按劳动力价值分配就是补充分配方式中的一种。二是从公有制经济本身来看，按劳分配是个人消费品的分配方式，但按劳动力价值分配对按劳分配具有补充作用，这种补充作用体现在按劳分配的实现过程中，是一种渗透型的补充作用，只有通过渗透型的补充作用，按劳分配才能趋于完善，更好地促进社会经济的发展。这种渗透型的补充作用主要表现在下述两个方面：

1. 劳动者的工资收入由按劳分配决定，但按劳动力价值分配可以使劳动者获得最低工资，起到保障劳动力再生产的作用。按照按劳分配的内在要求，个人消费品以劳动为尺度进行分配，多劳多得，这能够调动起劳动者的积极性。在产品经济条件下，国家有计划地安排社会生产，不需要经过交换环节，劳动者的个人劳动直接转化为社会劳动，只要劳动者努力工作，就可以得到足够的工资收入，满足自身生存的需要，保障劳动力的再生产，使社会再生产顺利进行，按劳分配是完善的。在市场经济条件下，由劳动者的个人劳动所组成的企业联合劳动仍是个别劳动，企业只有把产品销售出去，企业的联合劳动才能转化为社会劳动，劳动者才能在企业生产经营成果的基础上进行分配。由于企业的生产经营成果受到多种因素的影响，如企业的经营管理水平、市场的需求状况等，尽管劳动者在企业中付出了大量的劳动，但企业的联合劳动不能得到或不能全部得到社会承认，在这种情况下，企业的经济效益不好，甚至出现亏损，劳动者在企业生产经营成果的基础上进行分配，得到的工资收入就会减少。如果企业在较长时间内不能扭转亏损局面，劳动者的工资收入就难以得到保证，劳动力的再生产就会受到影响。本来按劳分配使劳动者获得的工资收入首先应该包括维持劳动力再生产所必需的收入，但在价值规律的作用下，这种收入难以得到保证，这是市场经济中按劳分配的必然结果，这种结果不利于劳动力的再生产和社会经济的正常运行。而按劳动力价值分配以维持劳动力再生产必需的生活资料的价值为依据，与劳动者的劳动贡献没有联系，不受企业经济效益的影响，在劳动者进入生产领域之前就决定了工资收入。虽然它不利于调动劳动者的积极性，但能够起到保障劳动力再生产的作用，这就可以弥补按劳分配在保障劳动力再生产方面存在的不足。最近几年，我国各地纷纷出台了有关最低工资方面的规定，许多企业在招收劳动力之前就规定了最低工资或基本工资，这些做法与按劳分配的内在要求相违背，但为了保障劳动力的再生产，维持社会再生产的顺利运行，有必要采取这些措施，这些措施是按劳动力价值分配对按劳分配的必要补充，是两种分配方式共同决定劳动者工资收入的具体表现。今后，要充分发挥按劳动力价值分配在保障劳动力再生产方面的功能，各地应根据自己的实际情况，以立法的形式确定劳动力再生产所必需的最低工资，在最低工资的基础上，根据劳动者的劳动贡献和企业的经济效益，确定劳动者的实际工资收入，这就把按劳分配调动劳动者积极性的功能与按劳动力价值分配保障劳动力再生产的功能有机地结合起来，使按劳分配成为一种完善的分配方式，适应社会主义市场经济发展的需要。

2. 按劳分配和按劳动力价值分配都受价值规律的影响，这种影响使按劳动力价值分配具有合理配置劳动力的功能，可以弥补按劳分配在人力资源配置方面的不足。按劳分配和按劳动力价值分配都是在市场经济中实现的。市场经济运行的基本规律——价值规律必然对两种分配方式发生影响。就按劳分配来说，在价值规律的作用下，企业的联合劳动转化为社会劳动会出现几种不同的情况，劳动者获得的工资收入随企业经济效益的不同而围绕劳动者提供的劳动量上下波动，这种波动使劳动者在努力劳动的同时，主动关心企业的生产经营状况，不断提高企业的劳动生产率，及时调整产品的生产结构，以更好地适应社会需要。就按劳动力价值分配来说，在价值规律的作用下，当某种劳动力供求一致时，劳动者可以得到代表劳动力价值的工资，这是一种偶然情况。经常出现的现象是：当某种劳动力供不应求时，该种劳动者可以得到大于劳动力价值的工资收入；当某种劳动力供大于求时，该种劳动者得到的工资收入少于劳动力的价值，即价值规律的作用使劳动者获得的工资收入随劳动力供求的变化而围绕劳动力的价值上下波动，这种波动可以起到调整劳动力结构、合理配置劳动力的作用。在现实生活中，某些技术专业的人员短缺，不管这些人员的贡献大小，其工资收入都比较多。目前人们都愿意学习一些市场上供不应求、社会需求量大的专业，这是按劳动力价值分配对劳动力资源进行调节的具体表现。劳动力是一种基本生产要素，只有劳动力结构合理，劳动力资源得到合理配置，社会经济才能高效运行。按劳分配不具备合理配置劳动力资源的功能，而按劳动力价值分配具备了这种功能。因此，只有通过按劳动力价值分配的补充作用，按劳分配才能趋于完善，更好地促进经济的发展。

承认按劳动力价值分配对按劳分配的渗透型补充作用，承认劳动者的工资收入由两种分配方式共同决定，不是对按劳分配的否定，不会改变社会主义的本质特征。第一，市场经济中的按劳分配不是纯而又纯的，而是绝对和相对的统一。按劳分配以劳动为尺度进行分配，消除了凭借生产资料所有权剥削他人的现象，多劳多得，少劳少得。从这点来看，按劳分配具有绝对性，只要坚持以劳动为尺度进行分配，就是坚持了按劳分配。另一方面，在产品经济中，可以排除非劳因素对按劳分配的影响。但在市场经济中，按劳分配的实现过程包含有许多非劳因素，如市场价格、供求状况、企业拥有资金的数量、生产设备的技术状况等都会对按劳分配发生影响，这就使按劳分配具有相对性，按劳分配不是纯而又纯的。按劳动力价值分配渗透于按劳分配的实现过程中，决定劳动者的最低工资，只是对按劳分配起补充作用，不会改变按劳分配的本质规定，符合市场经济中按劳分配的特点。第二，承认按劳动力价值分配对按劳分配的补充作用，不会否定劳动者的主人地位。生产决定分配，生产资料所有制是生产关系的基础。因此，在社会主义市场经济中，劳动者的主人地位是由生产资料公有制决定的，承认按劳动力价值分配对按劳分配的补充作用，不会改变生产资料公有制的性质，只是劳动力成为商品，劳动者之间仍是平等的关系，谁都不能凭借生产资料所有权剥削他人，劳动者仍是公有生产资料的所有者，劳动者的主人地位并没有改变。

［原载《山西大学师范学院学报》（现为《太原师范学院学报（哲学社会科学版）》）1996 年第 1 期，与张改枝合作完成］

个人消费品分配非货币化现象浅析

市场经济是一种高度货币化的经济形式。在国民经济的运行中，国家的宏观调控离不开货币政策，经济的发展状况可以用货币量来表示。在企业的生产经营过程中，生产资料需要用货币来购买，产品在市场上销售以后转化为一定数量的货币，企业的生产经营状况，固定资产的多少等等，都需要用货币量来表示，就连一些无形资产如著名商标、信誉等等，都可以量化为一定的货币额。在分配方面，劳动者的劳动报酬表现为一定数量的货币工资，只有用货币工资，劳动者才能在市场上购买到自己需要的生活消费品。因此，经济运行的货币化是市场经济的内在要求。但在我国目前的个人消费品分配中，劳动者除了以工资和奖金的形式获得货币收入外，还可以得到一些非货币化的收入，如单位发放的各种生活用品等，特别是每逢过节，实物的发放更为普遍。还有一些单位是定期发放一定量的实物。

非货币化收入是指劳动者的收入采取了实物的形式，这种形式与自然经济和产品经济相适应，在以自然经济为特征的社会里，劳动所得采取了实物形式。商品生产的发展使实物形式的收入转化为货币收入，消除了非货币化收入的现象。我国在党的十一届三中全会以后，随着改革的深入进行，市场经济体制逐步建立，实物分配的形式失去了存在的客观基础。

一、个人消费品分配出现非货币化现象的原因

目前我国个人消费品分配中出现非货币化收入的现象，有着多方面的原因。

1. 经济体制转轨方面的因素。在传统计划经济体制下，资金由国家统一安排，物资由国家统一调拨，工资由国家统一规定，虽然分配中平均主义盛行，但企业中滥发实物的现象比较少。经济改革后，计划经济体制

逐步向市场经济体制过渡，企业有了一定生产经营自主权，在个人消费品分配方面，从1985年起实行企业工资总额与经济效益挂钩，奖金的发放上“不封顶”，国家实行宏观管理，调控工资总额，企业可以自主决定工资和奖金的发放。1985年国家对工资增长总额及奖金量有了规定，工资增长总额超过核定工资总额7%的部分征30%的工资调节税，最高达到300%（后又有调整）。这样企业为了多发工资和奖金，躲避纳税，于是采取了发放实物的形式。

2. 运行机制方面的因素。由于产权关系模糊，企业缺少内在的自我约束和自我发展机制，行为不规范，短期行为经常发生，特别是实行的城市工商企业承包制，承包期限一般为三年，承包者在承包期内不注重扩大再生产和技术改造，在国家明文规定不能滥发奖金的情况下，改头换面，乱发各种实物，名为职工福利，实为一种物化了的奖金。尽管国家加强了宏观管理和监督检查的力度，但由于宏观管理机制不完善，再加上企业为了规避检查，都以各种名目发放实物，这就给监督检查工作造成了一定的困难，从而使实物发放的现象屡禁不止。

3. 心理方面的因素。目前分配方面的攀比之风盛行，一些人不是比劳动贡献的大小和企业效益的好坏，而是比能拿多少工资和奖金，不仅在货币收入方面比较，而且在实物发放方面比较，盲目向货币收入高和实物发放多的单位看齐，似乎实物发放的多少是衡量企业经济效益好坏的一个重要标志。在这种攀比心理的作用下，企业领导出于私利千方百计地多发一些实物，企业职工也希望单位多发放一些物品。

二、个人消费品分配非货币化现象产生的不利影响

非货币化收入在一定程度上改善了劳动者的生活水平，节省了劳动者生活费用的支出，体现了企业对职工的关心，表明了企业的经营效益比较好，但也有一定的消极作用。

1. 非货币化收入往往以平均主义的方式发放，不管工作效率如何，贡献大小，不分脑力和体力劳动者之间的差别，只要是企业的正式职工，人人有份，这就起不到调动劳动者积极性的作用，反而容易使人产生吃“大锅饭”的思想，不利于鼓励先进、鞭策后进。

2. 非货币化收入以一种实物替代一般的等价物——货币，这违背了市场经济的内在要求。虽然发放的实物大多数是日常生活必需品，但它以一种物品发放给很多的人，不一定能适合每一个消费者的需要，使所发放的物品起不到应有的作用，不利于消费者用货币收入从市场上来选择适合自己需要的物品。

3. 非货币化收入通过实物的发放，躲避了缴纳工

资调节税和奖金税，不利于宏观监督管理，不利于增加国家的税收。

4. 非货币化收入加重了企业的经济负担，提前购买职工目前不急需的商品，加剧了消费基金的膨胀，对物价上涨起了推波助澜的作用。

5. 非货币化收入为一些人搞“不正之风”提供了可乘之机，如有些人利用职务之便，以实物发放为名，购买一些关系户的滞销商品或劣质商品给职工发放，还有些人利用大量购买物品之机从中得到好处。

三、制止个人消费品分配非货币化现象的措施

对于目前出现的非货币化收入现象，应适应市场经济发展的客观要求，采取有力措施加以制止。

1. 更新思想观念。人们常把实物发放等同于企业福利，其实这两者并无内在联系。企业是生产经营单位，以盈利为目标，而福利是社会保障体系的一项重要内容，应由社会承担和完成。把社会应该承担的任务让企业来完成，势必加重企业的负担，不利于企业的发展。我们要逐步完善社会保障体系，使社会保障或福利支出以货币为运行和实现媒介，以此减轻企业负担。另外还要对工会组织的职能有一个正确的认识。工会组织

主要职责是在审议企业重大决策、监督行政领导、维护职工合法权益等方面发挥作用，当然工会应关心职工生活，但并不是以实物发放的形式来关心，工会的职责更不是仅仅给职工发放物品。

2. 加快企业改革步伐，健全企业运行机制，使企业具有自我约束、自我发展的能力，而要做到这一点，必须明晰产权，理顺国家与企业之间的关系，建立现代企业制度。只有企业运行机制健全了，才能规范企业行为，堵住非货币化收入的源头。今后发展的方向是，如果企业效益好，可以把发放实物改变为发放工资或奖金，这既有利于把货币收入与劳动贡献联系起来，调动劳动者的积极性，又有利于劳动者根据自己的实际需要用货币收入进行消费，也有利于转变企业的职能，加强国家的宏观管理和调控，增加国家的财政收入。

3. 加强有关部门对实物发放监督检查的力度，要制定相关的政策，严格规定企业中劳动保护用品发放的范围和数额，对于违反规定、以各种名义滥发物品的单位进行经济处罚。

总之，只有通过上述几项措施，才能有力地制止滥发物品的现象，实现劳动者收入的货币化，加快我国市场经济发展的步伐。

[原载《山西大学师范学院学报》（现改为《太原师范学院学报（哲学社会科学版）》）1997 年第 1 期，与张存萍合作完成]

第二篇
收入差距与公平分配问题研究

Part Two
Study of Income Gap and Fair Distribution in China

我国现阶段城乡居民收入差距研究

一、城乡居民收入差距的状况

城镇居民生活费收入是全面反映城镇居民实际收入和生活水平的综合性指标，我国一般使用该指标代表城镇居民的收入水平。在 1978 年，我国城镇居民人均生活费收入为 316 元，1997 年达到 5160 元，1997 年比 1978 年提高了 15.3 倍，年均递增速度为 15.8%。反映农村居民实际收入水平的指标是农村居民纯收入。1978 年我国农村居民人均纯收入为 134 元，1997 年增长到 2090 元，20 年之间提高了 14.6 倍，年均递增

15.6%。由此可见，1978 年以来，我国城乡居民的收入水平有了较大的提高，但提高的程度有所不同，城乡居民收入差距在 1978 ~1997 年期间经历了不同的变动过程。1978 年，城乡居民收入差距较大，若以农村居民人均纯收入为 1，城乡居民收入差距系数为 2.37∶1，即城镇居民人均生活费收入是农村居民人均纯收入的 2.37 倍。1978 年以后，城乡居民收入差距逐步缩小，到 1983 年，城乡居民收入差距系数为 1.70∶1，是 1978 ~1997 年期间最小的一年。但 1985 年以后，我国城乡居民收入差距又开始拉大，到 1994 年达到最高点，城乡居民收入差距系数为 2.60∶1。1995 ~1997 年期间，虽然城乡居民收入差距有所缩小，但差距仍然偏大，且没有形成一个长期稳定缩小的趋势。

二、城乡居民收入差距变动的原因

1978 年以来，城乡居民收入差距经历了由大到小、又由小到大两个明显不同的变动过程，这是城乡经济发展、经济体制改革以及其他多方面因素综合作用的结果。

（一）经济发展方面的原因

1. 农业发展大大滞后于工业。在现代社会中，工业发展速度一般要快于农业，但在1978～1984年期间，我国工业总产值指数年均为109.6%，农业总产值指数年均为107.7%，工农业总产值增长速度比较接近，它表明，这一时期工农业发展比较协调，农业发展速度比较快，结果是农村居民收入水平迅速提高，城乡居民收入差距趋于缩小。1985年以后，我国农业发展速度大大滞后于工业，1986～1996年期间，第一产业年均增长速度为4.2%，而第二产业为13.0%，两者相差2倍以上。农业的缓慢发展使农村居民的收入水平受到很大影响，使1985～1996年期间农村居民收入水平大大低于城镇居民，一度缩小了的城乡居民收入差距又呈现出扩大的态势。

2. 乡镇企业发展缺乏后劲。改革初期，由于运行机制等方面的原因，乡镇企业的经济效益明显好于国有企业，1978年乡镇企业每百元资金实现的利税比国有独立核算工业企业多15.6元，而到了1995年只多6.06元，乡镇企业的经济效益下降，这必然影响到农村居民的收入水平；另一方面，1978～1984年期间，农村剩余劳动力转移的速度比较快，这就为提高农村居民的收入水平和缩小城乡居民收入差距创造了有利条件，而1985年以后，尽管乡镇企业仍迅速发展，但吸收新增就业者的能力有所下降，这也影响到农村居民的收入水平，成为引起城乡收入差距扩大的一个因素（参见表1）。

表1　　1978～1997年我国城乡居民人均收入水平及其收入差距系数

单位：元

年份	城镇	农村	差距系数	年份	城镇	农村	差距系数
1978	316.0	133.6	2.37∶1	1988	1119.4	544.9	2.05∶1
1979	372.6	160.2	2.32∶1	1989	1260.7	601.5	2.10∶1
1980	439.4	191.3	2.30∶1	1990	1387.3	686.3	2.02∶1
1981	458.0	223.4	2.05∶1	1991	1544.3	708.6	2.18∶1
1982	494.5	270.1	1.83∶1	1992	1826.1	738.9	2.33∶1
1983	525.9	309.8	1.70∶1	1993	2336.5	921.6	2.54∶1
1984	607.6	355.3	1.71∶1	1994	3179.2	1220.9	2.60∶1
1985	685.3	397.6	1.72∶1	1995	3892.9	1577.7	2.47∶1
1986	827.9	423.8	1.95∶1	1996	4377.2	1926.1	2.27∶1
1987	915.9	462.6	1.98∶1	1997	5160.0	2090.0	2.47∶1

资料来源：1978～1995年数字来自赵满华主编《中国城乡收入差距研究》第63、67、73页，经济管理出版社1997年版；1996年数字来自《中国统计年鉴(1997)》；1997年数字来自《1997年统计公报》。

3. 农村第三产业发展缓慢。改革以来，我国第三产业获得了蓬勃发展，第三产业产值在国内生产总值中所占的比重迅速提高，而在广大农村地区，第三产业发展缓慢，第三产业在提高农村居民收入方面没有发挥出应有的重要作用。

（二）经济体制改革方面的原因

党的十一届三中全会揭开了我国经济体制改革的序

幕。从1978年开始，家庭联产承包责任制在广大农村地区逐步推广，到1984年底，99%的生产队和96.6%的农户都实行了家庭联产承包责任制，打破了以往农村经济中统一进行生产经营的模式。家庭联产承包责任制把农民个人经济利益与生产经营成果紧密地联系在一起，极大地调动了广大农民的劳动积极性，解放了多年被束缚的农业生产力。在农村经济体制改革的推动下，尽管国家财政中用于农业基本建设的投资有减无增，农业生产仍保持快速发展的势头，粮食生产从1980~1984年连年递增，农民收入有了较大的提高，为缩小城乡居民收入差距奠定了良好的基础。因此，1978~1984年期间，经济体制改革的重点在农村，这种改革不仅促进了农村经济的发展，而且提高了农民的收入，缩小了城乡居民收入差距。

从1985年起，我国经济体制改革的中心由农村转移到城市，通过改革城市经济体制和企业运行机制，以公有制为主的多元所有制结构已经形成，企业成为自负盈亏、自主经营的商品生产经营者。政府职能开始转变，以间接调控为主的宏观管理体系正在日趋完善，市场调节发挥出越来越重要的作用，城镇经济走上了快速发展的道路。因此，从1985年以后，城市经济体制改革全面展开，农村经济体制改革相对滞后，城乡经济发展出现了新的不平衡，城乡收入水平出现了与1978~1984年期间相反的趋势，缩小了的城乡居民收入差距又开始拉大。

（三）价格方面的原因

改革初期，由于工农业产品价格“剪刀差”过大，价格改革主要围绕农副产品的收购价格展开，1979 年农副产品收购价格比 1978 年提高了 22.1%，1980 年又比 1979 年提高了 7.1%。而在此期间，农用生产资料和其他工业消费品价格基本上保持稳定，1979 年农用生产资料价格仅比 1978 年提高了 0.4%，1980 年比 1979 年提高了 1.0%。1978～1984 年期间，农副产品收购价格平均每年提高 7.09%，农用生产资料价格平均每年提高 2.4%，前者比后者将近高 5 个百分点，而在这一时期粮食产量逐年增加，从 1978 年的 3 亿吨增长到 1984 年的 4 亿吨，其结果必然是农村居民收入的增长快于城镇居民，城乡居民收入差距趋于缩小。

20 世纪 80 年代中期以后，价格改革在许多部门全面展开。从 1985 年开始，我国放开了大部分农副产品价格，取消了粮食统购统销制度，实行了合同定购和市场调节相结合的制度；在工业生产资料价格方面，实行了价格“双轨制”，放开了超产或自销工业生产资料的价格；1987 年又放开了许多重要工业消费品的价格，市场开始发挥重要的调节作用。在这一阶段，农副产品收购价格上调的幅度不如改革初期大，在 1985～1993 年期间，农副产品收购价格年均上涨 8.5%，农用生产资料价格年均上涨 8.24%，农副产品收购价格上涨的幅度与农用生产资料价格基本持平，在 1995 年，农副产品收购价格提高 19.9%，低于农用生产资料价格提高 27.4%的水平，在这种情况下，农业增产，但农民不一定增收，特别是在 1985 ~ 1988 年期间，农业生产出现徘徊状况，粮食产量不仅没有增加，反而有所减少，这必然影响到农民的收入水平，使缩小了的城乡居民收入差距开始趋于扩大。

（四）其他方面的原因

城乡居民收入差距的变动过程是多方面因素综合作用的结果，除经济发展、经济体制和价格方面的原因外，还有以下几个原因：

1. 政府对农业扶持和保护的力度不够。农产品是一种较为特殊的产品，需求弹性小，可替代性低，量大值低易腐烂；农业生产不仅受市场供求变动的影响，而且易受到自然灾害的侵袭，风险比较大。因此，世界各国，无论是发达国家还是发展中国家，都采取一定的措施来保护农业，促进农业的发展，而我国政府在经济发展过程中对农业扶持和保护的力度明显偏低，这不利于提高农民的收入水平，使城乡居民收入差距难以缩小。

2. 农村劳动者的文化技术水平比较低。劳动者是生产过程中的一个基本要素，劳动者文化技术水平的高低，直接影响到生产经营的成果和劳动者个人收入的多寡。农村劳动者的文化技术素质偏低，这必然使农村劳动者在竞争中处于不利的地位，使城乡劳动者之间的收入出现差距。

3. 一些政策不能落实到位。目前，国家已制定了一系列扶持农业生产和保护农民利益的政策，但一些政策难以得到落实，或者在执行过程中大打折扣。例如，国家出台了一系列加大农业投入的政策，但由于各级政府的财政状况不佳等原因，农业投入政策难以兑现，投入农业的资金迟迟不能到位；为了减轻农民负担，国家颁布了一系列减轻农民负担的政策，也取得了一定的效果，但由于缺乏行政的、经济的和法律的治本措施，农民负担有增无减，收费项目不断增多。

三、缩小城乡居民收入差距的对策建议

城乡居民收入差距扩大，对农村居民生活、农村经济发展和社会稳定都带来了不利的影响，因此，我们必须采取多种措施逐步缩小城乡居民收入差距。

（一）加快农业生产的发展

1. 转变农业增长方式。我国农业生产以粗放经营

为主，要提高农民收入水平，必须转变农业增长方式。我国资金短缺，劳动力资源丰富，农村中存在着大量剩余劳动力。在这种条件下，选择集约型农业生产经营方式，不可能走资金密集型的发展道路，而是要发挥农村劳动力资源的优势，在单位面积上投入较多的劳动，通过精耕细作、加强田间管理等方式来提高单位面积产量，提高农业生产效率。我国的科学技术水平比较低，不可能在短时期内实现整个农业生产过程的机械化和现代化，但我们可以选择一些实用型农业技术加以推广，努力增加农业生产中的科技含量，促进农业生产效率的提高。只有充分发挥我国农业生产中的优势条件，逐步改善薄弱环节，在现有条件的基础上发展集约型农业生产经营方式，才能实现农业增产和农民增收的双重目标。

2. 优化农业产业结构。在我国农业总产值中，种植业（尤其是粮食种植业）产值约占 58%，林、牧、渔业产值约占 42%；在农村居民人均纯收入中，来自第一产业的人均纯收入占 60% 以上，其中，又有 70% 以上来自种植业。它表明，第一产业，特别是种植业，仍然是农民收入的主要来源，提高农民收入水平，不能忽视第一产业和种植业的发展；另一方面，农业生产中多种经营的发展还很不充分，农民从多种经营中得到的收入还比较少。因此，要进一步优化农业产业结构，大力开发和充分利用各种资源，发展多种经营，这是提高农业生产效率、增加农民收入的重要途径。

3. 加快科教兴农步伐。在农村人口不断增多和耕地逐渐减少的情况下，加快农业生产的发展，提高农民的收入水平，重要措施之一是实施科教兴农战略。农业生产离开了科技力量的推动，农业就难以发展，农民收入就难以提高。近两年我国粮食总产量达到了历史最高水平，农民收入有了较大的提高，主要原因之一是科技在农业生产中发挥了重要作用，科技对农业发展的贡献率由“八五”期间的年均34%提高到39%。到2000年，要想实现农业科技对农业发展的贡献率达到50%的目标，必须提高农民对科技重要作用的认识，加快农业先进适用技术的推广和普及，重视农业科学研究与技术开发，提高农业劳动者的素质。

4. 改善农业生产的基本条件。以农田水利为主要内容的农业基础设施建设是农业快速发展不可缺少的条件，也是提高农民收入的必要保证，因此，我们不仅要增加对农业的资金投入，而且要加强农田水利基本建设，依法保护耕地，通过多种途径不断改善农业生产的基本条件。

（二）振兴农村非农产业

1. 加快乡镇企业的发展。要想实现这一目标，首先，要转变乡镇企业的增长方式，由速度扩张型转变为质量效益型，加快企业的技术进步，重视更新改造，增加产品中的科技含量和附加值；其次，要健全乡镇企业的运行机制，通过股份合作制、股份制、拍卖、风险抵押承包等多种形式，明晰乡镇企业的产权，减少各方面的行政干预，通过兼并、租赁等形式对亏损企业进行重组，使企业作为一个整体要素进入市场，以促进企业存量资产的流动和重组，增加企业的活力；再次，要加强乡镇企业的制度建设，完善内部监督机制和制约机制，努力开拓市场，提高产品的质量和档次，生产适销对路的产品。只有乡镇企业进一步发展了，才能提高职工工资和农民的收入。

2. 以农业产业化促进农村第三产业的发展。目前，农业生产主要以农户为单位来进行，各个环节之间相互分离，产前和产后的服务跟不上，一切与生产经营有关的经济活动都由农户包揽下来，成本高，效益低，而农业产业化将农业生产的各个环节联合为一个完整的系统，把生产与流通、科研等结合起来，使第三产业的许多经营活动，如供销、咨询、仓储、运输、技术服务等，都渗透到农业生产过程中，实现了第一产业和第三产业的一体化经营，这不仅可以提高农业生产的增值能力和比较效益，而且还能够带动农村地区第三产业的发展，健全农村社会化综合服务体系，有利于吸收农村剩余劳动力和提高农民的收入。

（三）深化农村经济体制改革

家庭联产承包责任制是我国农村经济的基本经营制度，我们在稳定和完善这一基本制度的基础上，要积极推进农业生产经营微观组织的创新。第一，建立土地流转制度，按照“明确所有权、稳定承包权、搞活使用权”的原则，允许土地使用权依法有偿转让，鼓励土地向种田能手、专业场队集中，提高土地使用效率，发展土地适度规模经营。土地流转制度在土地所有权和土地使用权相互分离的基础上，实现了土地所有权、土地承包权、土地使用权的相互分离，实现了土地的转包和转让，使农业生产的基本要素流动起来，使农业生产走上了商品化、集约化和现代化的发展道路，是农业生产经营方式的一种创新。第二，积极发展贸、工、农一体化的产业化经营，消除贸、工、农各部门相互对立的传统格局，打破农户单独进行生产经营、农户包揽一切生产活动的体制，把贸、工、农有机地联结成一个整体，把千家万户的小生产与千变万化的大市场联结起来，实现农业产前产中产后的一体化经营，提高农业的综合效益和市场化程度。

（四）其他方面的措施

1. 控制农村人口过快的增长。在家庭所得收入已定的条件下，家庭人口规模的大小直接影响到家庭中的人均收入水平。目前，我国农村居民家庭人口多于城镇居民家庭，而且农村人口的增长速度快于城镇人口的增长速度，因此，要缩小城乡居民收入差距，必须采取多种措施控制农村人口的过快增长，提高农村人口的素质，逐步缩小农村居民家庭的人口规模。

2. 努力减轻农民负担。农民负担居高不下，超过了合理的数量界限，影响到农民的实际收入水平，因此，要切实落实中共中央和国务院制定的有关减轻农民负担的政策，努力减轻农民负担，取消各种不合理的收费项目，重点是管好合同外的集资收费、摊派活动，对各类社会集资，要由农业、财政、物价等部门共同审核。

3. 建立农村社会保障体系。城乡收入差距大，农民收入水平低，一些落后地区的农村人口仍处于贫困状态，因此，在努力提高农民收入水平的同时，要逐步建立农村社会保障体系，通过保障体系，弱化城乡收入差距过大带来的不利影响。在农村建立保障体系，要坚持“国家政策引导、农民自我保障为主、集体补助为辅”的原则，先易后难，逐步推进。在经济条件好的农村地区，建立保障制度的工作可以全面展开；一般农村地区，要从农民最为关心的养老保险和医疗保险入手，逐步深入；在贫困地区，要把社会保障制度的建立与扶贫工作结合起来，保障农村居民的最低生活水平。

4. 加大农村扶贫的力度。目前，我国有6500万贫困人口，其绝大部分在农村地区。近几年来，党和政府制定了一系列的优惠政策，扶持贫困地区的经济发展，使贫困地区每年有几百万贫困人口脱贫。为了保证“国家‘八七’扶贫攻坚计划”所制定的目标能够得到实现，各级政府和部门要确实落实国家所制定的各种优惠政策，采取各种有效措施，加大扶贫力度，尽快使贫困地区的人民走上致富的道路。

[本文为作者主持完成的国家社会科学基金课题“九五”规划项目“我国现阶段城乡居民收入差距的实证考察与对策研究”的部分研究成果，原载《当代经济研究》2000年第3期，中国人民大学复印报刊资料《国民经济管理》2000年第7期全文转载]

新中国成立以来城乡居民收入差距变动过程分析

新中国成立后，我国经济步入了较快发展的轨道，居民的收入水平稳步提高，生活质量明显改善。经过60年的发展和变革，我国居民的整体生活水平已从民不聊生的贫困状态进入到小康生活新阶段，但城乡二元经济结构仍然存在，最突出的一个表现是城乡居民收入差距偏大。如何缩小过大的城乡居民收入差距，是我国经济社会发展过程中必须关注和解决的一个重大问题。

一、新中国成立以来城乡居民收入差距的变动过程

新中国成立后，我国用3年的时间基本恢复了遭到多年战火破坏的国民经济。于1953年开始实施第一个五年计划，并开始进行社会主义改造，到1956年我国绝大部分地区基本完成了对个体农业、个体手工业和民族资本主义工商业的社会主义改造，实现了从新民主主义社会向社会主义社会的转变，建立起了社会主义经济制度。1956年我国还进行了全国范围的工资改革，基本上建立起了全国统一的工资制度，农村集体经济中也初步建立了按劳分配的基础。因此，从1957年开始考察新中国成立以来城乡居民收入差距状况较为合理。

（一）新中国成立以来城乡居民收入状况

1. 城镇居民收入状况。1957年我国城镇居民人均收入235.4元，2008年为15781元，50多年间货币收入增长了66倍，增长过程可以分为两大阶段。

第一阶段是1957～1978年。在这一阶段，城镇居民收入缓慢增长，从235.4元增长到343.4元，21年间只增长了108元，增长量不到1倍，年均递增速度为

1.81%。这一阶段城镇居民收入的起伏也比较大，1964年人均收入232.5元，与1957年的235.4元相比，收入没有增加，反而略有减少。

第二阶段是1978~2008年。1978年拉开了经济体制改革的序幕，城镇居民收入快速增长，人均收入从1978年的343.4元增加到2008年的15781元，货币收入增长45倍，扣除价格因素，1978~2007年年均实际增长7.2%，2008年实际增长8.4%。

2. 农村居民收入状况。1957年我国农村居民人均纯收入72.9元，2008年为4761元，货币收入增长64.3倍。从1957年到2008年，农村居民收入的增长也分为两个阶段。

第一阶段是1957~1978年。农村居民收入缓慢增长，从72.9元增长到133.6元，21年间收入绝对量只增长了60.7元，提高了0.8倍，年均递增速度为2.93%。虽然这一阶段农村居民收入年均增速不高，但比同期城镇居民人均收入年均递增速度快1.1个百分点。

第二阶段是1978~2008年。经济体制改革后，农村居民收入快速增长，由1978年的133.6元增长到2008年的4761元，增幅达35.6倍，扣除价格因素，1978~2007年年均实际增长7.1%，2008年实际增长8.0%，增速比第一阶段快几倍，与同期城镇居民收入增长速度基本持平。

（二）新中国成立以来城乡居民收入差距的变动过程

1. 城乡居民收入差距的衡量指标。考察我国城乡居民收入差距时，人们一般采用两种指标进行衡量。

一是差距系数。差距系数是将城镇居民收入比上农村居民收入（或将农村居民收入比上城镇居民收入），把分母数值作为1计算出来的。这种衡量指标可以表明城镇居民和农村居民人均收入的倍数关系。

二是基尼系数。基尼系数是判断收入是否均等的一种重要方法，由意大利经济学家基尼提出而得名，在国际上广泛应用，对我国也有借鉴意义。基尼系数在0～1之间变化，基尼系数越小，收入分配越平均，基尼系数越大，收入分配越不均等。1986年国家统计局把基尼系数划分为四个区间：0.2以下为高度平均，0.2～0.3之间为相对平均，0.3～0.4之间为比较合理，0.4以上为差距偏大[①]。

利用基尼系数分析城乡居民收入差距是必要的，但由于各国的经济发展水平不同，居民收入和生活水准不同，社会保障制度和就业状况也不同，研究收入差距的合理限度时，不可完全照搬基尼系数，而要根据各国具

① 参见曾昭宁著：《公平与效率》，石油大学出版社1994年版，第256页。

体情况进行分析。比如说，基尼系数同样是0.4，在发达国家，社会保障制度健全，生活水平高，0.4不会出问题；而在发展中国家，社会保障不健全，居民生活水平低，0.4就有可能出问题。因此，分析收入差距是否过大，不能只看基尼系数，还要考虑到各国的具体国情和居民的承受力。

还有的学者将城乡居民家庭拥有的金融资产和实物资产状况①以及居民可以享受的福利条件纳入城乡居民收入差距比较的范围，这是从更加广泛的意义上分析城乡居民收入差距问题。

本文只是采用差距系数对城乡居民的收入差距状况进行比较分析。

2. 新中国成立以来城乡居民收入差距的变动过程。1957~2008年，由于城镇居民和农村居民的收入水平不同，收入增长速度不同，我国城乡居民收入差距经历了不同的变动过程。若以农村居民人均收入为1，1957年城乡居民收入差距系数为3.23∶1，即城镇居民人均收入是农村居民的3.23倍，2008年城乡居民收入差距系数演变为3.31∶1。时隔51年，城乡居民收入差距没有缩小，反而略有扩大（参见表1）。

---

① 参见朱光磊著：《中国的贫富差距与政府控制》，上海三联书店2002年版。

表1　　1957～2008年城乡居民收入差距系数

（农村居民人均收入为1）

年份	城镇居民人均收入（元）	农村居民人均收入（元）	差距系数	年份	城镇居民人均收入（元）	农村居民人均收入（元）	差距系数
1957	235.4	72.9	3.23:1	1983	526.0	309.8	1.70:1
1958	235.0 *	76.5 *	3.07:1	1984	607.6	355.3	1.71:1
1959	234.6 *	80.3 *	2.92:1	1985	739.1	397.6	1.86:1
1960	234.2 *	84.2 *	2.78:1	1986	852.7	423.8	2.01:1
1961	233.7 *	88.4 *	2.64:1	1987	983.6	462.6	2.13:1
1962	233.3 *	92.8 *	2.51:1	1988	1134.8	544.9	2.08:1
1963	232.9 *	97.4 *	2.39:1	1989	1309.1	601.5	2.18:1
1964	232.5	102.1 *	2.28:1	1990	1510.2	686.3	2.20:1
1965	239.0 *	107.2	2.23:1	1991	1700.6	708.6	2.40:1
1966	245.8 *	109.0 *	2.26:1	1992	2026.6	739.0	2.74:1
1967	252.7 *	110.9 *	2.28:1	1993	2577.4	921.6	2.80:1
1968	259.9 *	112.8 *	2.30:1	1994	3496.2	1221.0	2.86:1
1969	267.2 *	114.7 *	2.33:1	1995	4283.0	1577.7	2.71:1
1970	274.8 *	116.8 *	2.35:1	1996	4838.9	1926.1	2.51:1
1971	282.5 *	118.7 *	2.38:1	1997	5160.3	2090.1	2.47:1
1972	290.5 *	120.7 *	2.41:1	1998	5425.1	2162.0	2.51:1
1973	298.7 *	122.8 *	2.43:1	1999	5854.0	2210.3	2.65:1
1974	307.2 *	124.9 *	2.46:1	2000	6280.0	2253.4	2.79:1
1975	315.9 *	127.0 *	2.49:1	2001	6859.6	2366.4	2.90:1
1976	324.8 *	129.2 *	2.51:1	2002	7702.8	2475.6	3.11:1
1977	334.0 *	131.4 *	2.54:1	2003	8472.2	2622.2	3.23:1
1978	343.4	133.6	2.57:1	2004	9421.6	2936.4	3.21:1
1979	405.0 *	159.9 *	2.53:1	2005	10493.0	3254.9	3.22:1
1980	477.6	191.3	2.50:1	2006	11759.5	3587.0	3.28:1
1981	458.0	223.4	2.05:1	2007	13785.8	4140.4	3.33:1
1982	494.5	270.1	1.83:1	2008	15781.0	4761.0	3.31:1

注*：由于《中国统计年鉴》统计资料不完整，带*号数字是运用插值法计算得出。

资料来源：相关年份《中国统计年鉴》，中国统计出版社；《2008年国民经济和社会发展统计公报》。

从整体上来考察，1957～2008年我国城乡居民收入差距的变动过程经历了两个不同的阶段。

第一阶段是1957～1978年，城乡居民收入差距趋于缩小。1957年城乡居民收入差距是3.23∶1，1978年缩小到2.57∶1，尽管1964～1978年期间城乡居民收入差距略有扩大，但差距幅度仍大大低于1957年的差距水平。

第二阶段是1978～2008年，城乡居民收入差距在波动中逐步趋于扩大。改革初期，城乡居民收入差距曾一度缩小，1983年降为1957～2008年期间的最小比值即1.70∶1，但1984年以后又呈现出逐步扩大的态势，而且差距幅度比较大，特别是2002年以来，收入差距连续7年保持在3倍以上的差距水平，2007年达到最大值3.33∶1，2008年为3.31∶1，均大于1957年的差距幅度。

二、新中国成立以来城乡居民收入差距扩大的原因及影响

1957～2008年，我国城乡居民收入差距经历了由大到小、又由小到大两个明显不同的变动过程，这是城乡经济发展、经济体制改革等多方面因素综合作用的结果，也给农村经济发展和居民生活带来一定的影响。

（一）城乡居民收入差距扩大的原因

1. 1978 年改革以前城乡居民收入差距缩小的原因。1957～1978 年城乡居民收入差距趋于缩小，其主要原因是：

首先，企业没有收入分配自主权。改革以前我国实行的是高度集中的计划经济体制，尽管工业生产发展快于农业生产，工农业产品价格之间存在较大的“剪刀差”，但城镇中的企业没有收入分配自主权，工资的分配由国家统一安排，分配标准由国家统一制定，工资增长基本处于冻结状态，城镇中劳动者除了工资以外没有任何其他收入，收入来源一元化，僵化的经济体制限制了城镇劳动者施展才能和按劳分配的可能，“大锅饭”盛行，而农村劳动者除了从农村集体经济获得劳动报酬以外，还有少量的家庭副业收入。

其次，不利于城镇居民收入水平提高的宏观经济政策。为了加快国民经济的发展步伐，改革以前我国的基本政策导向是“重生产、轻生活”，“重积累、轻消费”，“高就业、低工资”，其结果是 1978 年全国职工平均工资仅为 615 元，比 1957 年的 624 元还低 9 元，21 年期间职工的平均工资没有增加，反而减少，这必然影响到城镇居民收入水平的提高，使城乡收入差距趋于缩小。

2. 1978 年改革以后城乡居民收入差距扩大的原因。1978 年到 20 世纪 80 年代中期，我国城乡居民收入差距曾一度缩小，降到新中国成立以来的最低值，其主要原因是：20 世纪 80 年代中期以前经济体制改革的重点在农村，国家出台了一系列农村改革政策，家庭承包责任制在广大农村地区普及，惠农措施比较多，包括提高农产品收购价格、恢复农村集市贸易、鼓励发展社队企业、变革人民公社体制等，其结果是农民收入增长速度快于城镇居民，城乡居民收入差距在 1978 年的基础上进一步趋于缩小。

20 世纪 80 年代中期以后，城乡居民收入差距呈现出逐步扩大的态势，不仅差距大，而且持续的时间比较长，其主要原因是：

一是城乡经济发展不平衡。生产决定分配，分配只是生产的背面。分析城乡收入差距变动的原因，应从经济发展方面入手。自从 20 世纪 80 年代中期以后，以工业为主的第二产业增加值年均增长速度达到两位数字以上，大大高于以农业为主的第一产业的增长速度，差距达到两倍以上（1979 ~ 2007 年我国第一产业和第二产业增加值年均分别增长 4.6% 和 11.4%），2008 年第一产业增加值增长 5.5%，第二产业增加值增长 9.3%。三次产业增加值在国内生产总值中的构成比例由 1984 年的 32.1∶43.1∶24.8 调整为 2008 年的 11.3∶48.6∶40.1[①]，

① 国家统计局："大改革、大开放、大发展——改革开放 30 年我国经济社会发展成就系列报告之一"，http：//www.stats.gov.cn/tjfx/ztfx/jnggkf30n/。

这种宏观经济增长的态势以及不同产业之间的比例构成必然影响到城乡居民的收入水平。

二是经济体制改革方面的原因。1984 年党的十二届三中全会召开以后，我国经济体制改革的重心转移到城镇，企业管理体制的改革、现代企业制度的建立、国有经济布局的战略调整、非公有经济和第三产业的快速发展，这些改革措施使城镇经济充满了生机和活力，传统的“大锅饭”分配体制被新的收入分配机制所替代，城镇居民收入快速增长。而与此同时，农业生产基础比较薄弱，缺乏后劲，乡镇企业发展面临第二次创业，农村非农产业发展缓慢，农村剩余劳动力转移没有新的突破。所有这些因素都影响到农民的收入，使改革初期一度缩小的城乡居民收入差距又呈现出逐步扩大的态势。

三是城乡劳动者素质的差异。现代市场经济中，劳动者文化技术水平的高低直接影响到生产经营成果的状况和个人收入的多少。由于农村教育事业比较落后、农村高素质劳动力逐步转移到城市等原因，城乡劳动力素质出现较大的差异。农村地区劳动力资源丰富，但整体素质偏低，不能很好地适应知识经济和市场经济发展的需要，在劳动力市场竞争中处于不利地位，多数农村劳动者从事的工作岗位条件比较差，比较收入偏低，这在一定程度上影响到农民的收入水平，也拉大了城乡居民收入差距。

四是城乡居民非劳动性收入相差悬殊。城乡居民的收入除了来自劳动性收入以外，还有一部分来自非劳动性收入，包括财产性收入、转移性收入等，这部分收入在城乡居民收入中所占比重逐步增大，但由于体制等方面的原因，城乡居民之间非劳动性收入相差悬殊。2007 年，城镇居民人均财产性收入为 349 元，农村居民仅有 128 元，相差 2.7 倍；2007 年城镇居民人均转移性收入为 3385 元，而农村居民仅有 290 元，相差 11.7 倍，明显大于城乡居民收入差距。

除上述几个方面的原因以外，农村非农产业发展缓慢、农业科技水平比较低、政府对农业扶持的力度不够、对农业基本建设投资不多、农村交通等基础设施落后、农村公共产品供给不足、农村居民家庭中非劳动人口比较多等，也是影响城乡居民收入差距扩大不可忽视的因素。

（二）城乡居民收入差距扩大的影响

近年来城乡居民收入差距逐步趋于扩大，对农村居民生活质量和农业发展产生了一定的消极影响。

1. 对农村居民生活的影响。

（1）对城乡居民消费水平的影响。生活消费支出的多少是反映生活质量高低的综合性指标。新中国成立以来，城乡居民收入差距经历了不同的变动过程，使城乡居民消费水平呈现出相同的变动趋势。1952 年城市居民人均消费性支出为 148 元，农村居民人均生活消费支出为 62 元，两者相差 2.39 倍，2007 年城镇居民人均消费性支出提高到9997元，农村居民生活消费支出为3224元，两者相差3.10倍，与1952年相比差距扩大了0.71倍。因此，城乡居民收入差距的扩大，使城乡居民消费差距也出现了扩大的趋势（参见表2）。

表2　城乡居民生活消费支出水平（农村居民支出为1）

年份	城镇居民人均消费性支出（元）	农村居民人均生活消费支出（元）	差距系数
1952	148	62	2.39:1
1957	205	79	2.59:1
1965	237	100	2.37:1
1970	261	114	2.29:1
1978	383	132	2.90:1
1980	468	173	2.71:1
1985	747	323	2.31:1
1990	1279	585	2.82:1
2000	4998	1670	2.99:1
2007	9997	3224	3.10:1

资料来源：《中国统计年鉴（1992）》，中国统计出版社1992年版，第276页；《中国统计年鉴（2008）》，中国统计出版社2008年版，第315页。

（2）对城乡居民消费结构的影响。居民消费结构是反映居民生活质量的重要方面。居民消费结构由众多因素决定，其中一个重要因素是居民的收入水平。收入水平比较低，居民消费结构以吃穿为主，随着收入水平的提高，用于食品的支出在消费支出中所占的比重逐步下降，用于享受资料和发展资料的支出增多，这种变化可以通过恩格尔系数表现出来。1957 年城镇居民家庭恩格尔系数为 58.4%，农村居民家庭为 65.8%，城乡之间相差 7.4 个百分点。2007 年城镇居民家庭恩格尔系数降到 36.3%，农村居民家庭降到 43.1%，尽管城乡居民的恩格尔系数都有了较大的降幅，但城乡之间的恩格尔系数仍相差 6.8 个百分点，与 1957 年相比没有明显的变化，这表明城乡之间居民生活质量仍有较大的差异（参见表 3）。

表 3　　城乡居民家庭恩格尔系数　　单位：%

年份	城镇	农村	差距
1957	58.4	65.8	7.4
1965	59.2	68.0	8.8
1978	57.5	67.7	10.2
1980	56.9	61.8	4.9
1985	53.3	57.8	4.5
1990	54.2	58.8	4.6
1995	50.1	58.6	8.5
2000	39.4	49.1	9.7
2005	36.7	45.5	8.8
2006	35.8	43.0	7.2
2007	36.3	43.1	6.8

资料来源：国家统计局：《中国统计年鉴（1984）》，中国统计出版社 1984 年版，第 468～473 页；《中国统计年鉴（2008）》，中国统计出版社 2008 年版，第 317 页。

2. 对农业发展的影响。生产决定分配，分配对生产具有一定的反作用。新中国成立以来，特别是20世纪80年代中期以来，城乡居民收入差距趋于扩大，对农村经济发展，特别是对农业生产的发展产生了一定的影响。

（1）影响到农民对农业生产的资金投入。1978年以前，我国实行的是计划经济体制，各种生产活动的资金投入由国家来决定，农业生产的投入与农民的收入没有直接的关系。经济体制改革以后，市场经济替代了原有的计划经济，农业生产的投入与农民自身利益直接挂钩，在城乡收入差距逐步趋于扩大的情况下，必然影响到农民对农业生产投资的积极性和主动性。比如，农民个人对农业和非农业生产性固定资产的投资比例1990年为2.17∶1，1995年缩小为1.40∶1[①]。尽管近年来国家出台了一系列惠农政策和措施，鼓励农业生产的发展，但要从根本上扭转农业生产的局面，必须缩小过大的城乡居民收入差距。

（2）大量农村劳动力外流。我国人均耕地少，农村剩余劳动力多，随着城镇化进程的推进及城乡劳动力市场的建立，部分农村劳动力从农业部门转移到非农业部门，从农村地区转移到城镇，这是正常的现象，也是

---

① 中国社会科学院农村发展研究所、国家统计局编：《中国农村经济发展年度报告》，中国社会科学出版社1996年版，第131页。

经济发展的必然结果。而在目前，由于城乡收入差距过大，在经济利益的驱动下，许多农村青壮年以及农村有一技之长的劳动力流入城镇，农村剩下一些妇女、老人和孩子经营承包的土地，这种劳动力状况不适应科技快速发展对农业提出的要求，也不利于农业生产的长远发展。

(3) 影响到农村劳动力素质的提高。劳动力是生产活动的第一要素，其素质的高低直接影响到生产效益。由于农村居民收入水平比较低，大多数农村居民家庭在支付了生活和生产费用之后，所剩无几，没有更多的收入用于教育投入，一些农村孩子在接受了义务教育之后便结束了自己的学业，没有继续深造学习的机会，许多农村劳动力由于没有足够的财力接受职业技术培训，在劳动力市场竞争中处于不利的地位。农村劳动力素质的这种状况，必然影响到农业的比较效益，影响到农村经济的发展。

三、缩小城乡居民收入差距的建议与思考

城乡居民收入差距扩大已成为全社会关注的一个热点问题，也成为影响我国经济又好又快发展的一个制约因素，因此，必须采取有效措施，缩小过大的城乡居民收入差距。

（一）改革以来缩小城乡居民收入差距的政策和措施

1. 理论界不同的观点。如何缩小城乡居民收入差距？理论界有多种不同的观点。

一是加快农业发展论。加大资金投入，加强农业和农村基础设施建设，加快农村经济发展，强化农业的基础地位，这是缩小城乡收入差距的根本措施，也是理论界最为普遍的观点。

二是加大财政扶持力度论。许多学者认为，缩小城乡收入差距，必须调整财政支出结构，加大对农民和农村贫困者的扶持力度，增加农村社会保障支出，深化农村税费改革，减轻农民负担。

三是公共服务均等化论。一些学者认为，“推进城乡基本公共服务均等化在统筹城乡发展中起着重要作用，也是缩小城乡差距的关键因素。”① 因此，要加大农村公共服务的供给。

四是三次产业发展论。“政府应当通过政策的倾斜，利用第三产业发展增加农民收入、提高消费水平，

---

① 迟福林：“统筹基本公共服务，缩小城乡发展差距”，《城乡建设》2009 年第 3 期。

加强农村投资，增加农村人口就业从而促进城乡协调。”①

五是制度因素论。此观点认为，“未来的政策重点就是要从制度上进行有目标的、系统的改革，保证城乡居民的社会平等。”② 缩小城乡居民收入差距，必须改革现有体制。

六是缩小城乡资本差异论。有的学者认为，“个人所拥有的物质资本、体制资本和人力资本的差异是导致个人收入存在城乡差异现象的主要原因。”应该从消除城乡物质资本、体制资本和人力资本差异方面努力，缩小城乡收入差距③。

另外，还有许多其他观点，如加快城镇化进程、实现农业产业化经营、推动农村人口有序流动、加快农村教育事业发展、提高农村劳动力素质、加大农村劳动力技能培训力度、应用税收手段调节过高收入、整顿收入分配秩序、完善农村社会保障制度、严厉打击非法收入、深化户籍管理制度改革等。

2. 改革以来缩小城乡收入差距的政策和措施。改革开放后，为促进农业发展，提高农民收入水平，我国

---

① 曾国平、黄恒：“我国第三产业发展对城乡协调影响的实证分析”，《开发研究》2009 年第 1 期。

② 梁玺平：“城乡收入差距的制度因素分析”，《中国农学通报》2009 年第 6 期。

③ 黄晓波、周学：“个人收入差异的现状、成因及解决对策”，《经济研究导刊》2009 年第 7 期。

政府做了大量的工作，制定了相关的政策，采取了一系列的措施，增加农民收入，改善农村福利条件，缩小城乡居民收入差距。

一是建立和完善农村基本经营制度。1978 年我国农村地区开始实行家庭联产承包责任制，打破了长期束缚农业发展的“大锅饭”体制，极大地调动了广大农民生产的积极性，为解决农民温饱问题、粮食供给问题提供了体制保障。在 30 年的改革进程中，我国不断完善家庭联产承包责任制，使之成为我国农村的基本经营制度。

二是改革和完善农产品价格体系。针对农产品价格偏低的情况，我国多次调整和提高农产品收购价格，消除工农业产品价格之间的“剪刀差”，严格控制生产资料价格的上涨，改革农产品统购派购制度，建立起了比较完善的农产品价格机制和农产品流通体制。

三是初步建立起了支持和保护粮农的宏观调控体系。已建立起来的保护机制包括粮食专项储备制度、粮食风险基金制度、粮食保护价收购制度和粮食主产区利益补偿制度等，还实施了粮食直接补贴、良种补贴、农机具购置补贴等措施。

四是大力扶持乡镇企业的发展。通过减免税收、信贷等政策，大力扶持乡镇企业的发展；通过实施“星火计划”等，推动乡镇企业的科技进步；通过东西合作示范工程，促进中西部乡镇企业的技术素质、管理水平和经济效益；通过颁布和实施《乡镇企业法》，使乡镇企业走上法制化发展的轨道。

五是减轻农民负担。2006 年 1 月 1 日起《农业税条例》被废止，取消了延续上千年的“皇粮国税”——农业税；村提留和乡统筹费严格控制在上年农民人均纯收入的 5% 以内；取消一切不符合规定和不切实际的集资、收费和摊派项目，取消农村学生义务教育阶段的学杂费等。

六是农村扶贫工作有序推进。在实施“八七扶贫攻坚计划”的基础上，通过移民搬迁、技能培训、产业发展等途径，使农村扶贫工作由“供血模式”向培育“造血模式”转变。

七是建立和完善农村社会保障制度。初步建立农村基本医疗服务和医疗保障制度，改革和完善农村五保供养制度，普及农村最低生活保障制度，积极探索和建立农村养老保险制度。

八是增加农村公共产品的供给。近年来，中央加大了财政资金投入的力度，改善农村公共卫生、基础教育、交通和通讯的条件，兴建大中型水利工程，加强农村环境保护，有效地增加了农村公共产品的供给。

九是保障农民工的合法权益。积极探索农民工医疗保险、工伤保险、养老保险等制度，开始建立农民工就业和工资保障机制，积极开展农民工技能培训工作等。

（二）缩小城乡居民收入差距的建议与思考

缩小城乡居民收入差距，矛盾的主要方面是提高农村居民的收入水平。提高农民收入水平，涉及方方面面的工作，笔者在这里只是提出一些问题或建议供大家思考。

1. 明确努力的目标。改革开放以来，我国城乡居民收入差距逐步拉大，而且目前的城乡居民收入差距偏大，产生了一定不良的影响，这是不争的事实，但城乡居民收入差距多大才算是合理区间，是1∶2，1∶2.5，还是1∶3，目前并没有一个定论。由于我国现阶段城市和农村的差异较大，城乡居民收入完全持平，实现了1∶1未必就是合理的，但差距多大才算是合理的区间，这是一个需要深入研究和必须回答的问题。从长期来看，不管城乡收入差距多大，只要城乡居民的生活状况、生活水平、生活舒适程度、生活环境、生活质量基本一致，那就是合理的。收入差距只是形式，生活水平才是内容。从短期来看，城乡居民生活水平难以趋于一致，在此条件下，只要城乡居民收入差距保持在社会可以承受的限度内，就是合理的区间。

2. 具体政策要落实到位。改革以前，我国经济发展的总体思路是重视工业发展，并依靠工农业产品价格“剪刀差”为工业发展积累资金，在这样大的背景下，我国城乡收入差距没有扩大，而是趋于缩小。20 世纪

90年代以后，我国对“三农”问题，特别是对农民收入问题越来越重视，政府工作报告多次强调要“千方百计增加农民收入”，中央也出台了一系列惠农政策，加大农民补贴的力度，但城乡居民收入差距没有缩小，反而大于改革以前和改革初期的水平，这个问题值得我们深思。大环境只是影响居民收入的一个方面，更重要的是具体政策及其落实情况，没有具体政策作支撑，没有具体政策的贯彻落实，大环境只是一个空架子而已。因此，在中央高度重视农民收入问题的同时，要制定和出台更多的具体政策，并把具体政策落实到位。只有这样，农民收入才会提高，城乡居民收入差距才会缩小。

3. 各地要因地制宜。我国地域辽阔，各个农村地区的自然条件、经济发展水平、市场环境、需求状况完全不同，因此，尽管理论界提出了各种各样的措施和建议，国家也出台了一系列的政策，但采取何种措施促进农村经济发展，提高农民收入水平，不能“齐步走”，也不能相互模仿。各个农村地区要根据自己的实际情况，因地制宜，走自己的路，才能创出一片新天地，使农民收入水平确实得到提高。

4. 努力提高农村劳动者的素质。劳动是生产活动的基本要素。改革以前，我国经济结构以工业和农业为主，工农业产品的生产是经济活动的主体，体力劳动最为重要，城乡劳动者之间的差异不明显。20世纪80年代中期以后，我国第三产业快速发展，科技在经济发展中的作用越来越大，知识经济逐步取代了传统经济，体力劳动的重要性逐步让位于科学技术，素质较低的农村劳动者在就业竞争中处于不利地位，影响到收入水平，因此，从劳动者方面来看，提高农村居民的文化科学素质，改善农村地区的教育条件，强化农村劳动力的技能培训，使农村劳动力有一技之长，是提高农民收入水平的根本和长远之计。

5. 扩大农村劳动力就业的空间。就业是民生之本，和谐之基，也是增强农民对于城乡收入差距承受力的有效途径。在党的十二届三中全会后，我国经济改革的重点转移到城镇，企业劳动用人体制、收入分配体制等方面的改革搞活了城镇经济，城镇居民就业空间扩大，获取劳动收入和合法收入的渠道多元化，而农村劳动者除家庭经营、乡镇企业就业和外出打工以外，就业空间小，获取收入的途径少，这在一定程度上影响到城乡劳动者收入的平衡，也削减了农民对于收入差距的承受力，因此，进一步打破城乡壁垒，消除农村劳动者在城镇就业的制约因素，开通农村劳动力就业的渠道，扩大农村劳动力就业的空间，是增加农民收入和维护社会稳定的必要条件。

[原载邸敏学、赵满华、薛晓明主编：《中国特色社会主义经济——回顾与展望》，山西经济出版社 2009 年版，第 199 ~ 214 页]

如何正确认识收入差距问题

——关于一次问卷调查的思考

作者于 2005 年 6 月在一定范围内进行了一次关于收入分配问题的问卷调查。现对此次问卷调查的内容及发现的问题做一分析。

一、调查问卷的设置及调查结果

（一）调查内容

为了保证问卷调查的质量，方便调查对象，此次问卷调查遵循简单、可行的原则，只设置了一个问题。内容如下：

你认为目前收入分配领域中存在的主要问题是（请选择一项内容）：

a. 收入水平低 b. 分配不公平 c. 收入差距过大 d. 分配秩序混乱 e. 平均主义严重

（二）调查对象

本次问卷调查在位于省会城市的一所高校进行。主要选择了外语系、政法系、教育系、地理系等不同系别不同年级的部分学生及部分教工作为调查对象。按收回的有效问卷划分，学生333人，占被调查对象的78%；教工94人，占被调查对象的22%。在被调查的学生中，既包括学费标准较高的系别，如外语系每年学费5000元/人，也包括学费标准较低的系别，如政法系每年学费2800元/人。在被调查的教工中，包括不同职称的教师和管理人员。

（三）调查结果

本次调查共收回有效问卷427份。在设置的五个选项中，选择“收入差距过大”一项的最多，有268人，占62.8%。选择“平均主义严重”一项的最少，仅有3人，所占比重不到1%（参见表1）。由此可见，在现实生活中，人们普遍认为目前收入分配领域中存在的主要问题是收入差距过大。相关统计资料也表明，近年来我国居民个人收入差距呈现出逐步扩大的趋势，如反映居民收入差距的基尼系数已由改革初期的0.2上升到0.4，城乡居民之间的收入差距系数达到3.2:1，大大高于改革初期2.60:1的差距水平。

表1　　目前收入分配领域中存在的主要问题（选择一项）

调查项目	内容	收入水平低	分配不公平	收入差距过大	分配秩序混乱	平均主义严重
合计	427人	36人	84人	268人	36人	3人
	100%	8.4%	19.7%	62.8%	8.4%	0.7%
教工	94人	13人	26人	37人	15人	3人
	100%	13.8%	27.7%	39.4%	16%	3.2%
学生	333人	23人	58人	231人	21人	0人
	100%	6.9%	17.4%	69.3%	6.3%	0%

二、问题的提出

由表1可以看出，在五个选项中，教工和学生有不同的选择，各项选择所占的比重有所不同。其中，“收入水平低、分配不公平、分配秩序混乱、平均主义严重”四项所占的比例在教工与学生之间差别较小，基本上在10个百分点以内，但“收入差距过大”一项差别较大，教工与学生之间相差30个百分点，几乎达到

1倍。教工有比较稳定的收入，学生没有收入来源，主要依靠家庭来维持生活和学习，因此，教工与学生之间对“收入差距”的认识出现差别很正常。可以说，不同的社会阶层对收入差距有不同的认识，不同的分析角度也会得出不同的结论，但为什么差别会如此之大？应该如何认识过大的收入差距呢？本文拟对这一问题进行初步的分析。

三、怎样认识过大的收入差距？

（一）关于收入差距的衡量方法

研究收入差距时，人们经常使用洛伦兹曲线、基尼系数、库兹涅茨指数、阿鲁瓦利亚指数、收入不良指数、沃尔夫森“极化指数”等指标和方法进行分析[①]。上述每种指标和方法都有自己的特点和可取之处，同时又有自己特定的使用条件和范围，进行数量分析时，不可随意使用。而在目前的研究中，使用的方法和计算的结果不仅比较多，而且比较乱，让人有无可适从的感觉。如有关基尼系数的具体计算方法就有多种[②]，采用

① 参见朱光磊著：《中国的贫富差距与政府控制》，社会科学文献出版社2002年版。

② 参见陈宗胜著：《经济发展中的收入分配》，上海三联书店1991年版。

的方法不同，计算的结果也不一样①，因此，使用何种方法进行分析，必须加以明确说明，否则，就会出现基尼系数相互不一致的现象。

分析收入差距的合理限度时，人们一般采用国际上的惯用标准——基尼系数进行分析，这是必要的，对我国也具有借鉴意义。但由于各国的经济发展水平不同，居民收入和生活水准不同，研究收入差距的合理限度时，不可完全照搬现有的模式，而要根据我国的国情具体分析。如一般认为城乡收入差距应保持在1.5～2.0:1为宜，超过这一限度，差距就会偏大。笔者认为，比值只是一种数量关系，是一种形式，而更为重要的是内容，即城乡居民的生活状况。如果相差比值很小，但城乡居民生活差距很大，不能说这种比值是合理的；或者相反，相差的比值很大，但城乡居民生活差异较小，那也不能说这种比值不合理。要想找到合理的答案，必须对城乡居民的收入和生活支出状况进行详细的调查，从中分析出合理的差距限度。

（二）分析收入差距时应考虑的因素

我国现阶段的分配方式是按劳分配为主、多种分配

① 参见陈宗胜、周云波著：《再论改革与发展中的收入分配》，经济科学出版社 2002 年版。

方式同时并存。由于劳动者的劳动能力、劳动贡献、企业的经济效益、家庭人口等互不相同，无论是实行按劳分配，还是按资本、技术、管理等生产要素的贡献进行分配，居民之间都会出现一定的收入差距，这是很正常的。改革开放以来，我国居民之间的收入差距逐步扩大，这是不争的事实，但目前的收入差距是否过大？

笔者认为，在研究收入差距时，除了采用相关指标进行必要的数量分析以外，还要考虑到一些非数量的因素，主要包括：

一是居民生活水平的高低。一般而言，居民生活水平与收入差距大小的承受力成正比，即居民的生活水平越高，对收入差距的承受能力就越强；反之，对收入差距的承受能力就小。因此，发展经济，提高居民的生活水平，是增强社会承受力的关键。经过 20 多年的改革和发展，我国已进入小康社会，小康生活整体上已经实现，但由于城乡、区域之间发展不平衡等原因，目前仍有几千万贫困人口。加大扶贫力度，关注弱势群体，是我国经济快速发展、收入差距逐步扩大阶段必须面对的问题。

二是社会保障体系的完善程度。居民对收入差距的承受能力与社会保障体系密切相关。在社会保障体系健全的情况下，人们对收入差距的承受能力就大，否则就小。因此，完善社会保障体系，保障居民的基本生活，是增强社会承受较大收入差距的重要手段。目前，我国社会保障体系仍不完善，覆盖面比较小，大多数农村居民、农民工、私营企业中的职工仍没有享受到社会保障所带来的好处，削弱了社会承受力，所以，政府必须加大社会保障的投入，尽快构建起保障居民基本生活的安全网。

三是就业水平。就业是民生之本，一定时期居民的就业水平也会影响到社会对收入差距的承受能力。在就业机会比较多、就业水平比较高的情况下，人们对收入差距的承受力就大；反之就小。因此，开辟新的就业渠道，降低失业率，是增强社会承受力的重要方面。由于我国人口基数比较大，加上技术进步等因素，我国在很长时期内都将面临巨大的就业压力。缓解就业压力，增加就业岗位，减少失业人员，是我国的一项战略任务，也是各级政府的主要任务之一。

四是收入分配的规范程度。收入分配秩序如何，直接影响到人们对收入差距的承受能力。在收入分配透明度比较大、规范程度比较高、监督机制比较健全的情况下，即使产生较大的收入差距，人们也能够接受。相反，收入分配秩序混乱，不公平的因素介入分配之中，人们就会把一切收入差距都归咎于制度，很少检讨自己，从而降低了社会承受力。所以，必须完善分配机制，规范收入分配秩序。

五是居民对未来收入的预期。当社会经济处于转型变革时期，经济生活中不确定的因素较多，住房体制改革、医疗制度改革、教育体制改革等都与人们的收入相关，因此，在人们对未来收入普遍持有乐观态度的情况下，即在可预见的将来，经济会持续发展，收入会稳定提高，人们对收入差距的承受能力就会增强。反之，对收入差距的承受能力就会减弱。所以，保持经济健康快速的发展，提高居民的收入水平，是增强社会承受力的根本所在。

六是政府对收入差距的调节水平。个人收入所得税是各国政府调节收入的重要手段之一。在个人收入所得税法比较健全、人们纳税意识比较高的情况下，社会对收入差距的认可度就比较高，社会承受力也比较强。而在偷漏税情况比较严重、纳税意识不强、执法不严的情况下，人们对过大的收入差距就会怨声载道，难以接受。因此，完善个人所得税法，健全监督机制，加大偷漏税的惩罚力度，也是影响人们对收入差距承受力的一个重要因素。

七是舆论宣传的影响。社会舆论宣传对居民的承受能力也有一定的影响。符合客观实际的舆论宣传，能增强民众对现实生活的稳定感，而不切实际的、一味倡导高消费或超前消费的舆论宣传则会发生误导作用，引发一些不满情绪，削弱社会承受能力。因此，必须重视舆论宣传的正确引导。

从上述分析可以看出，判断收入差距是否过大，不仅是一个数量问题，还涉及众多的因素。避免过大的收入差距，必须采取综合措施进行治理。

[原载《经济师》2005 年第 12 期]

我国农村居民收入变化的几个特征

党的十一届三中全会以来，农村经济体制改革调动了广大农民的积极性，解放了农村生产力，使我国农村经济的发展出现了前所未有的好局面。1980 年，我国农业总产值为 1922.6 亿元，1995 年达到 20340.9 亿元，比 1980 年的产值提高了 9.58 倍，1981～1995 年期间农业总产值年平均增长 6.7%[①]。农村经济的快速发展使农村居民的收入水平稳步提高，就能够反映农村居民实际收入水

① 国家统计局：《中国统计年鉴 1996》，中国统计出版社 1996 年版，第 25 页。

平的人均纯收入来说，1978 年为 133.57 元，1996 年达到 1926 元，1996 年比 1978 年提高了 13 多倍，从 1978 年到 1996 年农村居民人均纯收入年均递增速度为 15.98%（参见表 1）。

表 1　**1978～1996 年农村居民家庭人均纯收入**　单位：元

年份	人均纯收入	年份	人均纯收入	年份	人均纯收入
1978	133.57	1985	397.60	1992	738.99
1979	160.17	1986	423.76	1993	921.62
1980	191.33	1987	462.55	1994	1220.98
1981	223.44	1988	544.94	1995	1577.74
1982	270.11	1989	601.51	1996	1926.00
1983	309.77	1990	686.31		
1984	355.33	1991	708.55		

资料来源：1978～1989 年数字摘自《全国各省、自治区、直辖市历史统计资料汇编（1949～1989）》第 35 页；1990～1992 年数字摘自《中国统计年鉴 1993》第 312 页；1993～1995 年数字摘自《中国统计年鉴 1996》第 300 页；1996 年数字摘自《1996 年统计公报》。

从表 1 可以看出，在 1978～1996 年期间，我国农村居民家庭人均纯收入具有以下几个特征。

一、收入增长具有明显的阶段性

农村居民人均纯收入的增长可以分为两个阶段，第一阶段是 1979～1984 年，人均纯收入由 133.57 元提高到 355.33 元，货币收入年平均增长 17.6%，扣除掉物价上涨因素后，实际收入年平均增长 14.58%，货币收入与实际收入的年均增长速度都比较高，而且比较接近，只相差 3.09 个百分点。第二阶段是 1985～1996 年，人均纯收入由 397.6 元提高到 1926 元，货币收入年平均增长 15.42%，扣除掉物价上涨因素后，实际收入年平均增长 4.41%，货币收入与实际收入的年均增长速度相差 9.58 个百分点，差距较大，它表明这一阶段的通货膨胀率较高。从货币收入年平均增长速度来看，第二阶段比第一阶段低 2.25 个百分点，两个阶段基本接近；但从实际收入年平均增长速度来看，第二阶段比第一阶段低 10.17 个百分点，第一阶段实际年平均增长速度是第二阶段的 3.3 倍，两个阶段的增长速度明显不同（参见表 2）。

表 2　农村居民家庭人均纯收入指数（上年 =100）

年份	货币收入指数	实际收入指数	年份	货币收入指数	实际收入指数
1979	119.91	117.56	1988	117.81	100.27
1980	119.06	112.69	1989	110.38	99.97
1981	116.78	114.05	1990	114.10	109.18
1982	120.89	118.63	1991	103.24	100.92
1983	114.68	112.99	1992	110.65	105.68
1984	114.71	111.58	1993	117.56	103.39
1985	111.9	103.94	1994	132.48	107.36

续表

年份	货币收入指数	实际收入指数	年份	货币收入指数	实际收入指数
1986	106.58	100.45	1995	113.55	109.97
1987	109.15	102.78	1996	122.07	109.0

注：货币收入指数根据表1的数字计算得出；实际收入指数根据表1的数字及商品零售价格指数和农村居民消费价格指数（《中国统计年鉴1996》，第225页）计算得出；1996年实际收入增长指数摘自《1996年统计公报》。

二、不同区域之间的农村居民收入差距扩大

我国地域辽阔，不同区域间的农村经济发展水平极不相同。东部地区农村经济比较发达，乡镇企业发展速度快，城镇化水平高，农村居民人均纯收入较高；中西部地区农村经济比较落后，发展速度慢，农村居民人均纯收入较低。在两个区域之间，农村居民人均纯收入存在着一定的差距。改革开放以来，这种收入差距不是缩小，而是逐步扩大。1978年，在各省、自治区、直辖市中，上海市农村居民人均纯收入是东部地区最高的，甘肃省和河南省农村居民人均纯收入是中西部地区最低的省区。通过对比分析上海市与甘肃省、河南省之间的人均纯收入差距，可以看出东部地区与中西部地区之间人均纯收入差距的变动情况。由表3可以看出，1978年上海市农村居民人均纯收入是甘肃省农村居民人均纯

收入的2.95倍，是河南省的2.86倍；1995年收入差距分别达到4.82倍和3.47倍，分别比1978年扩大1.87倍和0.61倍。与同期不同区域间城镇居民人均生活费收入差距相比，不同区域间农村居民人均纯收入差距明显偏大。

表3　上海市与甘肃省、河南省农村居民人均纯收入差距

项目	人均纯收入（元）			收入差距（倍）	
年份	上海市	甘肃省	河南省	上海与甘肃	上海与河南
1978	290.00	78.40	101.40	2.95	2.86
1980	397.35	153.33	160.78	2.79	2.47
1985	805.92	355.22	329.37	3.16	2.45
1991	1907.32	430.98	526.95	4.43	3.62
1995	4245.61	880.34	1231.97	4.82	3.47

资料来源：国家统计局：《中国统计年鉴1996》，中国统计出版社1996年版，第302页。

三、家庭经营纯收入占人均纯收入的比重明显上升

农村实行家庭联产承包责任制后，农村居民人均纯收入的构成发生了较大的变化，最明显的变化是，在人均纯收入中，来自家庭经营收入所占的比重逐步提高。1978年家庭经营纯收入占人均纯收入的26.79%，1985

年达到74.44%。1990年以后尽管家庭经营纯收入在纯收入中所占的比重有所下降，但仍占70%以上。它表明，家庭经营纯收入已成为农村居民人均纯收入的重要组成部分，家庭经营已成为农民获取收入的一个重要途径，只有把家庭生产经营活动搞好，才能有效地提高农民的收入、缩小城乡居民之间的收入差距（参见表4）。

表4　　家庭经营纯收入在人均纯收入中所占的比重　单位：元，%

年　份	1978	1980	1985	1990	1995
家庭经营纯收入	35.79	62.55	295.98	518.55	1125.79
占纯收入的比重	26.79	32.69	74.44	75.56	71.35

资料来源：国家统计局：《中国统计年鉴1996》，中国统计出版社1996年版，第301页。

四、人均纯收入在人均总收入中所占的比重下降

农村居民家庭人均纯收入是指从农村居民家庭人均总收入中扣除掉从事生产和非生产经营费用支出、缴纳税款和上交承包集体任务金额以后剩余的那一部分收入，人均纯收入与人均总收入之间存在一定的差额。在改革初期，人均纯收入在人均总收入中所占的比重比较高，达到88%；1980年以后，人均纯收入在人均总收入中所占的比重逐步减少，到1995年下降到67.49%。

这种变化表明，在农村居民人均总收入中，能用于安排日常生活的纯收入减少，有相当一部分收入不能用于日常生活，而是以各种名义被用于其他各方面的支出（参见表5）。

表5　　农村居民人均纯收入占人均总收入的比重　　单位：元，%

年份	1978	1980	1985	1990	1994	1995
人均纯收入	133.57	191.33	397.60	686.31	1220.98	1577.74
人均总收入	151.79	216.22	547.31	990.38	1789.38	2337.87
所占比重	88.00	88.49	72.65	69.30	68.23	67.49

资料来源：国家统计局：《全国各省、自治区、直辖市历史统计资料汇编（1949～1989）》，中国统计出版社1989年版，第35页；《中国统计年鉴1993》，中国统计出版社1993年版，第312页；《中国统计年鉴1996》，中国统计出版社1996年版，第300～301页。

五、从集体组织获得的劳动报酬在人均纯收入中所占的比重明显减少

改革前，农村经济主要是由集体经济单位统一进行生产经营活动，农民的收入主要来自集体经济组织。改革后，农村经济中高度集中的生产经营方式为家庭承包经营所代替，农村居民从集体经济组织获得的劳动报酬收入明显减少。从表6中可以看出，在1980年为100.44元，1985年下降到17.45元，1985年以后虽然

有所提高，但仍大大低于改革初期的水平。农村居民从集体组织获取的劳动报酬收入在人均纯收入中所占的比重由1978年的63.82%下降到1995年的4.36%，在人均总收入中所占的比重也由56.16%下降到2.94%。它表明，要提高农民的收入水平，决不能削弱农村集体经济的力量，今后必须重视农村集体经济的发展，充分发挥集体经济在提高农民收入方面的作用。

表6　农村居民人均从集体组织获得的劳动报酬及其所占比重

单位：元，%

年　　份	1978	1980	1985	1990	1995
从集体组织获得的劳动报酬	85.25	100.44	17.45	27.02	68.73
占人均纯收入的比重	63.82	52.50	4.39	3.94	4.36
占人均总收入的比重	56.16	46.45	3.19	2.73	2.94

资料来源：国家统计局：《中国统计年鉴1996》，中国统计出版社1996年版，第301页。

注：此表中的从集体组织获得的劳动报酬不包括从乡镇企业中获得的收入。

六、货币性收入在农村居民人均总收入中所占的比重提高

改革初期，农村经济中自然经济的成分比较大，商

品经济的发展比较落后，在农村居民家庭人均总收入中货币性收入所占的比重较小，只有50%左右，其余为实物性收入。随着农村商品经济的发展，农村居民人均货币性收入占人均总收入的比重越来越大，到1995年已达到68.25%，比1980年将近提高了16个百分点。它表明，农村经济中商品经济的成分越来越多，自然经济的色彩逐步淡化，农村经济的发展已经走上了商品化的轨道，农民的收入已经以货币性收入为主（参见表7）。

表7　农村居民人均货币性收入占人均总收入的比重 单位：元，%

年份	1980	1985	1990	1993	1994	1995
货币性收入	113.12	357.39	676.67	910.15	1233.48	1595.56
人均总收入	216.22	547.31	990.38	1333.75	1789.38	2337.87
所占比重	52.32	65.30	68.32	68.24	68.93	68.25

资料来源：国家统计局：《全国各省、自治区、直辖市历史统计资料汇编（1949～1989）》第35页；《中国统计年鉴1993》，中国统计出版社1993年版，第312页；《中国统计年鉴1996》，中国统计出版社1996年版，第300～301页。

［原载《生产力研究》1997年第6期，与窦文章合作完成。中国人民大学复印报刊资料《农业经济》1998年第4期全文转载］

改革以来农村居民收入结构变化分析

改革以来，我国农村经济快速发展，农村居民收入水平稳步提高。1978年农村居民人均纯收入133.6元，2007年达到4140.4元，扣除价格因素，年均实际增长7.1%，2008年人均纯收入为4761元，实际增长8.0%。尽管农村居民收入水平稳步提高，但是，与国民经济的快速发展相比，与城镇居民收入的快速增长相比，农村居民收入水平仍然偏低，增长速度仍然偏慢，城乡收入差距呈现出缓慢扩大的趋势，由1978年的2.57∶1扩大到2008年的3.31∶1。因此，如何进一步提高农村居民的收入水平，是我国经济发展过程中面临的一项重要任务。

一、改革以来农村居民收入结构的新变化

改革以来，随着农村经济体制的转变和农村市场经济的发展，农村居民的收入结构发生了较大的变化，形成了一些新的特点。

（一）农村居民人均总收入的构成变化

1. 人均现金收入在人均总收入中所占的比重大幅度提高。从形态上看，农村居民收入可以分为实物性收入和现金收入。改革初期，农村经济中自然经济的成分比较大，商品经济发展比较落后，现金收入在农村居民人均总收入中所占的比重不大，1980 年为 52.32%，实物性收入几乎占到一半。随着农村市场经济的发展，农村居民人均总收入中现金收入逐步增多，所占比重逐年增大，2007 年达到 85.62%，比 1980 年提高了 33.3 个百分点（参见表 1）。

2. 人均纯收入在人均总收入中所占的比重明显下降。农村居民人均总收入是没有任何扣除的全部收入，人均纯收入是人均总收入的一部分，是总收入中扣除掉

表 1　　1980 ~ 2007 年农村居民人均现金收入占人均总收入的比重

单位:%

年　份	1980	1985	1990	1995	2000	2006	2007
人均总收入	100	100	100	100	100	100	100
所占比重	52. 32	65. 30	68. 32	68. 25	75. 70	85. 61	85. 62

资料来源：国家统计局：《中国统计年鉴》，中国统计出版社 1996 年版，第 300 页；2008 年版，第 338 ~ 339 页。

生产经营费用支出、上缴款项等项目之后农村居民能够实际支配用于生活和生产经营活动的收入。我们通常用人均纯收入衡量农村居民的实际收入水平。1978 年农村居民人均纯收入在人均总收入中所占的比重较高，达到 88. 0%，80 年代以后所占比重缓慢下降。2007 年农村居民人均总收入为 5791. 1 元，而人均纯收入只有 4140. 4 元，人均纯收入占人均总收入的 71. 49%，与 1978 年相比下降了 16. 51 个百分点（参见表 2）。

表 2 1978 ~ 2007 年农村居民人均纯收入占人均总收入的比重

单位:%

年　份	1978	1980	1985	1990	1995	2000	2006	2007
人均总收入	100	100	100	100	100	100	100	100
所占比重	88. 00	88. 49	72. 65	69. 30	67. 49	71. 62	71. 38	71. 49

资料来源：国家统计局：《中国统计年鉴》，中国统计出版社 1996 年版，第 301 页；2008 年版，第 338 ~ 339 页。

（二）农村居民人均纯收入的构成变化

农村居民人均纯收入由工资性收入、家庭经营纯收入、转移性收入和财产性收入构成，改革以来，四个构成部分在人均纯收入中所占的比例发生了一定的变化（参见表3）。

表3　改革以来农村居民人均纯收入的构成变化　单位：%

年份	人均纯收入	人均工资性收入所占比重	家庭经营纯收入所占比重	转移性收入所占比重	财产性收入所占比重
1978	100	—	26.79	—	—
1980	100	—	32.69	—	—
1985	100	18.10	74.44	—	—
1990	100	20.22	75.56	—	—
1995	100	22.42	71.35	3.63	2.60
2000	100	31.17	63.34	3.50	2.00
2005	100	36.08	56.67	4.53	2.72
2007	100	38.55	52.98	5.37	3.10

资料来源：国家统计局：《中国统计年鉴》，中国统计出版社1996年版，第300~301页；2001年版，第323页；2008年版，第338~339页。

1. 人均工资性收入在人均纯收入中所占的比重逐

步提高。工资性收入主要是指农村居民从乡镇企业获取的劳动报酬，或是农民工外出打工获取的劳动报酬。1985 年农村居民人均工资性收入 72.2 元，2007 年增长到 1596.2 元，提高了 22.2 倍，农村居民人均工资性收入在人均纯收入中所占的比重由 1985 年的 18.10% 提高到 2007 年的 38.55%，增加了 20.45 个百分点。

2. 家庭经营纯收入仍是农村居民人均纯收入的主要来源。农村实行家庭承包责任制后，家庭成为农村经济活动的基本单位，来自家庭的经营收入在人均纯收入中所占的比重大幅度提高。1978 年人均家庭经营纯收入为 35.8 元，占人均纯收入的 26.79%，80 年代以后人均家庭经营纯收入迅速增多，所占比重迅速上升，1990 年达到 75.56%，比 1978 年提高了 48.77 个百分点，尽管 90 年代以后所占的比重有所下降，但仍保持在 52.98% 以上。

3. 转移性收入增长缓慢。转移性收入是指国家、单位、社会团体对居民家庭的各种转移支付和居民家庭间的收入转移。1995 年农村居民人均转移性收入只有 57.3 元，2007 年增加到 222.3 元，绝对量增长的较多，但相对数变化不大，人均转移性收入占人均纯收入的比重由 1995 年的 3.63% 上升到 2007 年的 5.37%，12 年期间仅提高了 1.74 个百分点。

4. 财产性收入所占比重很小。财产性收入是指通过家庭拥有的动产（如银行存款、有价证券等）和不动产（如房屋、车辆、土地、收藏品等）所获得的收入，包括出让财产使用权所获得的利息、租金、专利收入等，财产营运所获得的红利收入、财产增值收益等。1995 年农村居民人均财产性收入为 41.0 元，占人均纯收入的 2.60%，2007 年农村居民人均财产性收入增加到 128.2 元，所占比重为 3.10%，仅比 1995 年提高了 0.5 个百分点，增长缓慢，所占比重偏小。

（三）农村居民人均家庭经营纯收入的构成变化

农村居民人均家庭经营纯收入是农村居民人均纯收入的主体，由分别来自一、二、三产业的收入构成。改革以来，来自第一产业的收入，包括农业收入、林业收入、牧业收入和渔业收入，增长速度缓慢，在人均家庭经营纯收入中所占的比重有所减少，由 1985 年的 89.13% 下降到 2007 年的 79.55%。包括工业收入和建筑业收入在内的第二产业的收入有所增多，但所占的比重变化不大。交通、运输、邮电、批发、零售贸易、餐饮业、社会服务业、文教卫生业等在内的第三产业的收入增长较快，在人均家庭经营纯收入中所占的比重由 1985 年的 7.63% 增长到 2007 年的 14.18%，所占比重提高近 1 倍（参见表 4）。

表4　1985~2007年农村居民人均家庭经营纯收入中来自一、二、三产业的收入所占比重　单位：%

年　份	1985	1990	1995	2000	2005	2007
人均家庭经营纯收入	100	100	100	100	100	100
第一产业收入的比重	89.13	87.94	84.96	76.42	79.67	79.55
第二产业收入的比重	3.24	4.11	4.28	7.00	5.87	6.27
第三产业收入的比重	7.63	7.94	10.76	16.62	14.46	14.18

资料来源：国家统计局：《中国统计年鉴》，中国统计出版社2001年版，第323页；2008年版，第339页。

二、改革以来农村居民收入结构变化的原因分析

改革以来农村居民收入结构发生了较大的变化，是经济发展、经济体制转换、社会变革等多方面原因共同作用的结果，可以从不同方面和角度进行分析。

（一）农村居民人均总收入构成变化的主要原因

农村居民人均总收入中现金收入增多，实物性收入减少，农村居民人均纯收入在人均总收入中所占的比重下降，主要原因是：

1. 农村经济市场化改革的必然结果。改革30年

来，随着生产商品化和市场化改革进程的逐步加快，农村经济自给、半自给的状况以及以农业为主的单一生产结构得到改变，生产商品化程度提高，农村居民现金收入逐步增多，以实物性收入为主的收入格局逐步演变为以货币性收入为主，2007 年农村居民人均现金收入 4958. 4 元，比 1980 年的 113. 1 元增长 42. 8 倍，在总收入中所占的比重提高到 85. 62%，比 1980 年的 52. 32% 提高了 33. 3 个百分点，这种变化是农村经济市场化改革的必然结果。农村居民收入货币化程度提高，货币支配能力增强，表明农村经济中自然经济的色彩已经淡化，商品经济的成分越来越多，农村经济已经走上了商品化和市场化的发展轨道，农村的生产和消费已经纳入到全社会市场经济循环的体系中。

2. 农业生产成本增加。改革以来，农业机械化水平逐步提高，农作物机收、机播面积逐年扩大，农田水利等基础设施建设逐步加强，以设施农业为代表的现代农业加快发展，农业生产条件得到极大改善，但随着农业生产条件的改善，农业生产成本也逐步增加。1990 年农村居民人均用于购置生产性固定资产的费用是 20. 3 元，2007 年上升到 147. 2 元，17 年期间增长了 7. 3 倍，快于同期农村居民人均纯收入增长 6. 0 倍的速度。从事农业生产经营活动的投入增加，农村居民必须从总收入中拿出更多的资金用于此项支出，其结果是农村居民人均纯收入在人均总收入中所占的比重下降，从

1978 年的 88.0% 下降到 2007 年的 71.49%，降低 16.59 个百分点。

（二）农村居民人均纯收入构成变化的主要原因

1. 工资性收入在人均纯收入中所占的比重提高，与乡镇企业的发展和农民工数量的增多密切相关。20 世纪 80 年代中期以后，乡镇企业快速发展，从业人员呈现出逐步增多的态势，由 1985 年的 6979 万人增加到 2007 年的 15090 万人，占农村劳动力的 30% 以上。另一方面，经济体制和行政管理体制的改革逐步打破了城乡之间的壁垒，外出打工挣取工资性收入的农村劳动力越来越多，达到 1.3 亿人的规模，基本占农村劳动力的 1/4。正由于乡镇企业从业人员数量和外出打工的农民工增多，为农村居民提供了获取工资性收入的机会，使工资性收入在纯收入中所占的比重逐步增多，2007 年达到 38.55%，成为农村居民收入增量的主要来源。

2. 人均家庭经营纯收入在人均纯收入中所占的比重经历了一个迅速上升、然后又缓慢回落的过程，反映了我国农村经济改革和发展的历程。改革初期，家庭承包责任制的推广和普及极大地促进了农村经济的发展，来自家庭经营的收入迅速增多，1985 年所占比重达到 74.44%，成为农村居民收入的主体。20 世纪 80 年代中期以后，乡镇企业异军突起，从业人员逐步增多，90年代以后，外出打工的“民工潮”一浪高过一浪，农村居民的收入来源多元化，来自家庭经营的收入在人均纯收入中所占的比重有所下降，但2007年仍保持在52%以上，家庭经营纯收入仍是农村居民家庭获取收入的主要途径。

3. 政策扶持的力度仍然不够，农村居民获得的转移性收入比较少。改革以来，党和政府对“三农”问题高度重视，制定了一系列优惠政策支持农业生产和农村经济的发展。特别是进入新世纪新阶段以来，中央坚持“多予、少取、放活”的方针，在取消农业税和农业特产税的基础上，对种粮农民进行直接补贴、良种补贴、农机具购置补贴和农业生产资料综合补贴，这些政策使农村居民获得的转移性收入有了一定的增长，但扶持农业发展的力度仍然不够，特别是某些政策在一些基层还没有得到很好的落实，农村居民获得的转移性收入仍然比较少，增长速度缓慢，2007年人均转移性收入在人均纯收入中只占5.37%。

4. 农村居民家庭财产性资源没有发挥出应有的作用。农村居民家庭拥有一定数量的动产和不动产，但由于缺少相关的知识、信息和政策支持，对于大多数农村居民家庭来说，财产性资源基本上处于自我使用或半闲置的状态，还没有成为获取收入的重要手段，银行利息是农村居民财产性收入的主要来源，这种状况必然使农村居民人均财产性收入很少，增长速度偏慢，所占比重过小。

（三）农村居民人均家庭经营纯收入构成变化的主要原因

改革初期，农村经济“以粮为纲”，产业结构单一，第一产业是农村经济的主体。20 世纪 80 年代中期以后，乡镇企业异军突起，农村市场体系逐步完善，小城镇建设有序推进，农业产业化战略初显成效。这些变化打破了农村“以粮为主”的产业结构，农村第二产业和第三产业的产值大大超过第一产业，非农产业已成为农村经济的主体。从事非农产业生产经营活动的农户家庭逐步增多，加上非农产业的比较效益高，收益比较好，这种状况必然增加农村居民的非农产业收入，使来自第二产业、第三产业的收入在农村居民人均家庭经营纯收入中所占的比重上升，第一产业收入所占的比重缓慢下降。

三、提高农村居民收入水平的对策建议

针对改革以来农村居民收入结构发生的新变化以及

引起变化的原因，我们应采取相应的对策和措施，进一步提高农村居民的收入水平。

1. 提高人均纯收入在人均总收入中所占的比重。农村居民人均总收入中，能用于安排日常生活和生产经营的人均纯收入所占的比重减少，有相当一部分收入用于扣除生产经营成本、缴纳税款或其他非生活方面的支出。因此，一方面要采取有效措施，增加农村公共投入，完善农村基础设施，进一步降低农业生产成本，节省农村居民用于农业生产经营活动的支出。另一方面，在取消农业税的基础上，进一步加快农村费税改革，进一步减轻农村居民的负担，这不仅是提高农村居民实际收入水平的需要，也是把农村居民应该得到的一部分收入归还给他们。

2. 努力提高农村居民的工资性收入。农村居民的工资性收入已成为农村居民收入增量的主要来源，增加农村居民的收入，必须提高农村居民的工资性收入水平。因此，要采取相应的措施和扶持政策，为乡镇企业的发展和农民工就业创造良好的条件，使更多的农村劳动力有就业的机会，有获取工资性报酬的机会。特别是在国际金融危机蔓延和国内需求相对不足的背景下，各级政府要帮助乡镇企业解决资金短缺等方面的困难，要为农民工就业提供必要的服务和组织工作。

3. 搞好家庭生产经营活动。家庭经营纯收入是农村居民人均纯收入的主要来源，要提高农村居民的收入水平，必须搞好家庭生产经营活动，提高农村居民家庭经营收入水平。我国在农村的基本政策是坚持家庭承包经营体制长期不变，在此基础上，要进一步完善家庭承包经营责任制，通过产业化经营、土地流转、适度规模经营等途径，提高家庭生产经营活动的效率，以带动农村居民收入水平的提高。

4. 增加农村居民的转移性收入和财产性收入。一方面，进入 21 世纪后，我国已进入“以工哺农、以城带乡”的发展阶段，中央决策部门应出台更多的惠农政策，通过更多的直接补贴、公共投资以及养老保障、医疗保险体制的建立，让农村居民获得更多的转移性收入；另一方面，农村居民要充分利用目前国家已出台的政策，更新观念，解放思想，创造条件，开拓渠道，充分利用自己所拥有的财产性资源，努力增加财产性收入。

5. 优化来自三次产业的收入构成。农村居民家庭经营纯收入中，来自第一产业的收入呈现出缓慢下降的趋势，但这部分收入仍是农村居民收入的基本组成部分，应当高度重视，不能忽视农业生产的发展，这是提高农村居民收入水平的基础。同时还要看到，来自农村第二、第三产业的收入是近年来农村居民收入增量的主要来源，但目前所占的比重较小，因此，要想提高农村居民的收入水平，必须重视农村非农产业的发展，通过健全农村市场机制、完善服务等措施，为农村居民家庭非农产业的生产经营活动创造良好的宏观条件。

［本文为作者主持完成的山西省留学基金课题2007年度项目“太原市城中村改造研究”的部分研究成果，原载《经济问题》2009年第5期］

不同区域居民收入与文教娱乐支出问题研究

——以山西省和上海市为例

进入21世纪，我国社会主义现代化建设进入全面建设小康社会的新阶段。小康生活的实现，表明居民的生活质量得到极大的提高，居民的生活消费支出结构得到改善，物质生活消费支出所占的比重逐步下降，精神文化生活日趋重要，人均文教娱乐支出增多。本文拟以山西省和上海市为例，探讨落后地区与发达地区居民收入与文教娱乐支出问题。

山西省是我国中部地区经济比较

落后的省份之一，2002 年全国人均 GDP 为 8184 元，而山西省仅为 6146 元，在全国处于下游水平。上海市是沿海地区发达省市之一，2002 年人均 GDP 达到 40646 元，在全国各省市区中最高，是全国平均水平的 5 倍，山西省的 6.6 倍。

一、不同区域城镇居民收入与文教娱乐支出

改革开放以来，我国城镇居民的生活水平有了明显的改善，收入和消费水平有了很大的提高。2002 年全国城镇居民人均可支配收入为 7703 元，山西省为 6234 元，在全国各省市区中处于较低水平（收入最低的省份是贵州，为 5944 元），上海市为 13250 元，在全国各省市区中最高。

从消费支出方面来看，2002 年我国城镇居民人均消费性支出 6030 元，主要用于食品、衣着、家庭设备用品、医疗保健、交通通讯、文教娱乐用品、居住、杂项商品与服务等八大项支出。其中，用于文教娱乐用品的支出为 902 元，占人均消费支出的 15%，所占比重位居第二，仅次于食品支出，与 1985 年 8.2% 的文教娱乐支出比重相比，提高了 6.8 个百分点。

2002 年山西省城镇居民人均消费性支出 4711 元，

其中，用于文教娱乐用品的支出为782元，占消费支出的16.6%，仅低于食品的消费支出，排位第二。与全国相比，山西省城镇居民人均生活消费支出比全国少1319元，是全国的78.1%，用于文教娱乐的支出比全国少120元，是全国的78.7%，所占比重比生活消费性支出高8.6个百分点。由此可见，尽管山西省城镇居民收入水平比较低，各项消费支出的绝对数量低于全国，但用于文教娱乐支出的相对数却比较高（参见表1）。

表1　　2002年城镇居民人均生活消费支出情况　　单位：元,%

区域	项目	总支出	食品	衣着	家庭设备用品	医疗保健	交通通讯	娱乐文教用品服务	居住	杂项商品与服务
全国	支出	6030	2272	591	389	430	626	902	624	196
	比重	100	37.7	9.8	6.5	7.1	10.4	15.0	10.3	3.3
	排位		第一	第五	第七	第六	第四	第二	第三	第八
山西省	支出	4711	1531	657	284	365	406	782	535	150
	比重	100	32.5	13.9	6.0	7.7	8.6	16.6	11.4	3.2
	排位		第一	第三	第七	第六	第五	第二	第四	第八
上海市	支出	10464	4120	613	653	733	1115	1668	1189	372
	比重	100	39.4	5.9	6.2	7.0	10.7	15.9	11.4	3.6
	排位		第一	第七	第六	第五	第三	第二	第四	第八

资料来源：国家统计局：《中国统计年鉴（2003）》，中国统计出版社2003年版，第356~361页。

将上海市与山西省城镇居民各项消费支出进行对比，可以看出，在绝对数量方面，上海市城镇居民人均消费总支出是山西省的2.2倍，而文教娱乐支出只有2.1倍，文教娱乐支出的差距比较小。在相对数量方面，山西省城镇居民人均文教娱乐支出在消费支出中所占的比例为16.6%，比全国高1.6个百分点，比上海市高0.7个百分点。因此，尽管山西省城镇居民消费支出量与上海市有较大的差距，但文教娱乐支出的差距较小；尽管山西省城镇居民文教娱乐支出的绝对量较小，但相对量却比较高。

二、不同区域农村居民收入与文教娱乐支出

2002年，全国农村居民人均纯收入2476元，生活消费支出1834元，其中，用于文教娱乐的支出210元，占总消费支出的11.5%，在生活消费八项支出中排位第三，与食品、居住一起成为农村居民生活支出的三项主要内容。因此，在建设小康社会的进程中，农村居民在解决了“吃”和“住”之后，首先考虑的就是文教娱乐，文教娱乐支出已成为比“穿”还重要的一项生活消费开支。

2002年山西省农村居民家庭人均纯收入2150元，

比全国平均水平 2476 元少 326 元，在全国处于下游水平。山西省农村居民人均生活消费支出 1355 元，比全国人均水平 1834 元少 479 元，是全国平均水平的 73.9%。虽然山西省农村居民收入和生活消费支出均低于全国水平，但山西省农村居民各项生活消费支出和全国的情况基本一致，食品、居住和文教娱乐支出是生活消费支出中最多的三项，其中：人均食品支出 594 元，占到 43.8%；居住支出 171 元，占 12.6%；文教娱乐支出 177 元，占 13.1%；其他各项支出所占比重基本在 10% 以下。因此，山西省农村居民文教娱乐支出在各项支出中排在第二位，是“吃”之后最主要的开支，但与全国相比，用于文教娱乐方面的支出少 33 元，仅是全国的 84.3%，差距较大。

2002 年上海市农村居民人均纯收入为 5871 元，大大高于全国的水平，是山西省的 2.7 倍。上海市农村居民人均生活消费支出 5302 元，是全国的 2.9 倍，山西省的 3.9 倍。在上海市农村居民生活消费支出中，主要的三项支出也是食品、居住和文教娱乐，三项支出在生活消费支出中所占的比重达到 73.9%。上海市农村居民人均文教娱乐支出达到 661 元，是全国的 3.1 倍，山西省的 3.7 倍，文教娱乐支出所占的比重略高于全国，但却低于山西省（参见表 2）。

表 2　　2002 年农村居民生活消费性支出情况　　单位：元，%

区域	项目	总支出	食品	衣着	家庭设备用品	医疗保健	交通通讯	娱乐文教用品服务	居住	杂项商品与服务
全国	支出	1834	848	105	80	104	129	210	300	58
	比重	100	46.3	5.7	4.4	5.7	7.0	11.5	16.4	3.1
	排位		第一	第五	第七	第六	第四	第三	第二	第八
山西省	支出	1355	594	138	65	64	103	177	171	42
	比重	100	43.8	10.2	4.8	4.8	7.6	13.1	12.6	3.1
	排位		第一	第四	第六	第七	第五	第二	第三	第八
上海市	支出	5302	1871	226	281	280	462	661	1384	137
	比重	100	35.3	4.3	5.3	5.3	8.7	12.5	26.1	2.6
	排位		第一	第七	第五	第六	第四	第三	第二	第八

资料来源：国家统计局：《中国统计年鉴（2003）》，中国统计出版社 2003 年版，第 372 页。

三、关于居民收入与文教娱乐支出的分析

上述分析表明，无论是发达地区还是落后地区，无论居民收入水平是高还是低，无论居民生活消费支出是多还是少，文教娱乐已成为居民生活消费中的一项重要内容，传统的“吃、穿、住”生活消费格局已发生了重大的变化，在城镇，文教娱乐支出排在第二位，在农

村，该项支出排在第二或第三位，其主要原因是：

从宏观方面来看，它是科技飞快发展的必然结果。随着知识经济时代的到来，科技在经济发展中的作用越来越大，而科技的发展离不开教育，因此，无论是全国还是各个区域，都把教育作为战略重点来发展，教育投入的力度不断加大，依靠科教来发展已成为人们的共识。仅2000年国家财政性教育经费就达到2562.5亿元，比1991年增加了3.1倍。国家教育经费的迅速增加，不仅为个人投入创造了良好的宏观环境，而且也促进了教育事业的发展，带动了居民个人对教育的投入。

从经济体制方面来看，它是市场竞争的必然结果。我国人口众多，劳动力资源丰富，就业压力很大，一个人能否找到一份工作，能否找到一份比较满意的工作，关键是看其素质的高低，而素质高低的主要表现之一是接受教育程度的高低。一般来讲，教育程度与个人整体素质的高低成正向变动关系，即接受的教育程度越高，就越有竞争性，被用人单位录用的可能性就越大，下岗或失业的可能性就小。所以，就业方面的竞争促使居民在教育方面进行投资，在教育方面进行投资，就是为未来进行投资，就是增强自身的竞争力。

从经济利益方面来看，它是较高收入回报的必然结果。劳动者是生产过程中的一个基本要素，劳动者素质的高低，不仅直接影响到经济效益的好坏，而且直接关系到个人收入的多寡。劳动者掌握的文化知识越多，或劳动者接受的教育层次越高，获得的个人收入也越多，两者之间为正比关系。因此，今天在个人教育方面的投入，明天将会得到加倍的回报，这必然从经济利益方面促使居民个人加大对教育的投入，并且舍得进行投入。

从个人收入方面来看，它是居民收入水平提高的必然结果。进入新世纪，我国居民生活整体上已达到小康水平，居民收入水平大大提高，城镇居民人均收入由1978 年的 343 元提高到 2002 年的 7703 元，增长了近 20 多倍，农村居民人均收入由 1978 年的 134 元提高到 2002 年的 2476 元，增长了 17 倍多。居民收入水平的提高，不仅改善了居民的生活质量，而且增强了居民各项生活支出的能力，为增加教育娱乐支出，特别是增加教育支出，提供了可靠的物质保证。

四、增加居民文教娱乐支出的对策建议

增加居民文教娱乐支出，不仅是居民生活水平提高的具体体现，也是提高居民素质的重要方面，因此，在全国建设小康社会进程中，要努力增加居民的文教娱乐支出及其在生活消费中所占的比重。

一是提高居民的收入水平。收入是支出的基础，因此，增加居民的文教娱乐支出，特别是增加贫困地区居民的文教娱乐支出，关键是提高居民的收入水平。所

以，在经济发展过程中，要把提高居民收入作为经济建设的出发点和归宿，这是由社会主义本质、社会主义生产目的及目前我国的经济形势所决定的。只有居民收入水平提高了，居民用于文教娱乐的支出才能逐步增多，居民的生活才能得到应有的改善，全面建设小康社会的目标才能得到实现。

二是加强文教娱乐基础设施的建设。文教娱乐基础设施具有公共产品的性质，因此，在市场经济的条件下，文教娱乐基础设施的建设不能完全由市场调控。各级政府必须高度重视文教娱乐基础设施的建设，加大资金投入的力度，完善文教娱乐基础设施，为居民创造一个良好的生活环境。

三是加强管理，规范收费。要完善与文教娱乐消费相关的各种法规制度，要规范管理，坚决取消各项“乱收费”。对于非义务教育等市场化的文教娱乐消费，要规范收费标准和程序，增加收费的透明度和监督力度，让居民个人的钱花费得放心和舒心，这也是提高居民个人文教娱乐支出的有效措施。

［本文是作者主持完成的2002年山西省留学基金课题“区域收入差异及区域经济协调发展问题研究”的部分成果，原载《生产力研究》2004年第2期］

千方百计增加农民的收入

2000年，我国城镇居民人均可支配收入实际增长6.4%，达到6280元。农村居民人均纯收入为2253元，实际增长速度只有2.1%，城乡居民收入差距达到了近年来的最高点，差距系数为2.79∶1（以农民收入为1），大大高于改革初期1978年2.57∶1的差距水平。因此，农民收入增长缓慢，成为我国目前经济运行过程中的主要矛盾之一。中共中央《关于制定国民经济和社会发展第十个五年计划的建议》指出：要千方百计增加农民的收入。如何增加农民的收入？各地农村的实际情况不同，所采取的措施不一样，但从宏观方面来分析，要想增加农民的收入，必须做好以下几个方面的工作：

一、充分认识农民收入的重要性是增加农民收入的前提

我国是一个人口众多的国家，到1999年底，我国的人口总数已超过12.5亿，其中，农村人口达到8.7亿多，占全国人口总数的69.1%，大大超过了世界农村人口平均45%的比重，更大大高于发达国家农业人口占总人口2%~5%的比重。因此，我国农村人口多、所占比重大。从这个角度来说，我国的经济发展是否取得了可喜的成绩，我国的经济改革是否正在卓有成效地进行，在很大程度上取决于我国农村地区的经济发展状况，其中一个重要方面就是农民的收入水平。正如邓小平同志所指出的那样："中国社会是不是安定，中国经济能不能发展，首先要看农村能不能发展，农民生活是不是好起来"[①]。

农民的收入水平不仅与农村居民的生活状况密切相关，而且关系到农村经济以及整个国民经济的发展。目前，农民的收入对我国经济的持续增长尤为重要。多年

---

① 《邓小平文选》第3卷，人民出版社1993年版，第77~78页。

来我国经济以“短缺经济”为特征，大多数商品供不应求，城镇居民的需求足以推动国民经济的快速发展，农村市场居于次要地位。随着“短缺经济”的结束，宏观经济形势发生了根本转变，大多数工业产品供过于求，找不到很好的销路，低迷的消费已使我国经济的增长速度有所减慢，如果我国要想保持经济的快速发展，必须扩大国内市场需求。我国农村地区人口多，居民生活水平低，是一个巨大的潜在市场。如果农民的收入能够适当提高，这将有效地刺激我国市场的需求，从而使我国经济走上持续健康发展的轨道。譬如，目前我国彩色电视机在市场上销售不旺，在城镇，每百户居民家庭拥有 105 台彩色电视机，而在农村，只有 32% 的家庭拥有彩色电视机，目前我国彩色电视机的年生产能力是 4262 万台，如果让 2.3 亿户农村居民家庭都拥有彩色电视机，在现有的生产能力基础上，需要用 4 ~5 年的时间才能满足这个需求。因此，我国农村市场需求潜力大，启动农村市场对于扩大消费需求、刺激经济发展极为重要，而启动农村市场的关键是使农民的收入水平逐步提高。

二、稳定农业生产是增加农民收入的基础

20 世纪 80 年代中期以来，农村的经济结构已发生

了根本的变化，农业产值在农村总产值中所占的比重已退居第二位，农民收入的增长主要依靠非农产业的发展。尽管如此，农民收入的60.6%仍来自第一产业，农业生产仍然是农民收入的主要来源。因此，要想提高农民的收入，必须稳定农业生产，这是增加农民收入的基础，只有在这个基础之上，才能实现农民收入增长的目标。在农业连年丰收、农产品相对过剩的情况下，仍不能放松农业生产，否则，农民收入增长的基础就会动摇。要想实现农业生产稳定发展的目标，各级政府应当把更多的资金用于改善农业生产的基本条件，用于完善农村的基础设施，这是市场经济条件下政府扶持农业生产发展、提高农民收入水平的最好途径。

自1998年后半年以来，为了刺激国内需求，保持适宜的经济增长速度，中央政府开始扩大用于基础设施方面的投资，其中一个重要方面就是农业。尽管近几年我国粮食产量获得丰收，但农业生产的基础非常脆弱，所以，要抓住目前中央政府实施积极的财政政策的大好时机，改善农业生产条件，为促进农业生产的健康发展和提高农民的收入水平创造良好的条件。农民应当根据已经变化了的市场需求和宏观经济形势，对农业生产结构进行战略性调整，优化农业产业结构，大力发展畜牧业、林业和水产业，粮食生产要以质量高、增加值多的农产品为主，并积极发展粮食和其他农产品的深加工，把粗放生产经营模式变为集约生产经营模式。

三、调整农业产业结构是增加农民收入的迫切需要

随着农产品买方市场的逐步形成，依靠传统的农业生产模式，难以实现增收的目标，各地农村和农民应根据已经变化了的市场需求和宏观经济形势，对农业生产结构进行战略性调整，但这种调整必须在农业生产特别是粮食生产基本稳定的基础上进行。首先是优化粮食生产结构，粮食生产要以增收为目的，要以生产质量高、增加值多的农产品为主，要积极发展粮食产品的深加工，把粗放生产经营模式转变为集约生产经营模式，提高粮食生产的综合效益。其次是优化农业产业结构，大力发展畜牧业、林果业和水产业，这不仅是进一步提高我国居民生活水平的需要，也有助于提高农民的收入，在有条件的地方要实现退耕还草和退耕还林。通过发展非粮食产业部门和环保农业，实现农民收入的增长。最后是优化农业区域布局，各地农村地区要根据自己的优势条件和市场需求，大力发展特色农产品生产，实现规模经营，形成区域整体优势，为农民增收创造良好的外部环境。

四、发展非农产业是增加农民收入的关键

农民收入的39%来自非农产业，近年来农民收入的增量主要来自非农产业，因此，发展非农产业是提高农民收入水平的关键。要增加农民收入，必须重视非农产业的发展。首先，要促进乡镇企业的持续发展。乡镇企业的发展吸收了大量的农村剩余劳动力，打破了城乡分割的传统格局，繁荣了农村经济，也大大增加了农民的收入。但近几年来，随着宏观经济形势的发展变化，乡镇企业的发展受到了严峻的挑战，技术水平落后、经济效益下滑、资金短缺、运行机制不健全等问题是乡镇企业面临的主要困难。在这种条件下，乡镇企业应改变以往数量扩张式的发展模式，努力改进技术和提高效益，面向市场调整产品结构，提高管理水平，健全运行机制，根据现行企业制度的要求进行改革。新建的乡镇企业要围绕农业做文章，以农产品的深加工为主，避免走掠夺当地自然资源、破坏生态环境发展乡镇企业的老路子。其次，要搞活农村第三产业。在农村居民人均纯生产性收入中，来自第三产业的收入所占比重较小，在1998年仅为14.9%，这与第三产业在国民经济中的重要地位很不相符。因此，加快农村第三产业的发展，不

仅是进一步繁荣农村经济的需要，也是提高农村居民收入水平的需要。发展农村第三产业，必须在农村建立起完善的市场体系。农村各地区要围绕自己的优势条件、特色产业和特色产品，建立各种集贸市场和专业批发市场。要加强市场配套设施建设，健全市场管理机制，这是发展第三产业的前提条件。目前，农业产业化经营正在农村地区兴起，这种经营方式把生产领域和流通领域联结起来，使第三产业的许多经营活动渗透到农业生产过程中，实现了第一产业和第三产业的一体化经营，不仅可以增加农业生产的增值能力和比较效益，而且能够带动农村地区第三产业的发展，吸收农村剩余劳动力，提高农民收入。因此，农村各地区应以农业产业化带动农村第三产业的发展。

五、加快小城镇建设是增加农民收入的有效途径

发展小城镇是我国城市化建设的必然选择，而在目前，我国农村地区城镇化建设大大滞后于工业化发展的进程，全国城镇人口只占总人口的31%。一方面，我国农村地区人口多，耕地少，剩余劳动力达到亿人以上，不解决农村剩余劳动力转移问题，依靠少量的耕地，难以提高农民的收入。另一方面，由于乡镇企业面

临困境，城市下岗职工不断增多，大量向乡镇企业和城市转移农村剩余劳动力的可能性已不存在。在这种情况下，如何实现农村剩余劳动力的转移，成为提高农民收入水平的关键。在农村地区发展小城镇，可以繁荣当地经济，使工商业得到一定的发展，从而为吸收农村剩余劳动力创造必要的条件。只有农村剩余劳动力从有限的土地上分流出去，在小城镇中从事非农产业的经营活动，才能开辟增加农民收入的新途径，才能使农业生产效率得到提高，才能使从事农业生产的劳动者获得较高的收益。因此，发展小城镇建设，是我国农村实行家庭承包责任制、乡镇企业兴起之后一次新的发展机遇，它不仅是我国经济发展的客观要求，也是增加农民收入的有效途径。各地政府应抓住这个机遇，合理规划，多方筹集资金，加快小城镇建设的进程。

六、深化农村经济体制改革是增加农民收入的体制保证

体制创新是推运生产力发展的强大动力。在我国经济改革的初期，正是农村经济体制的变革，推动了农村经济的快速发展，使我国广大的农村地区解决了温饱问题。因此，深化农村经济体制改革，使经济体制适应变化了的生产力发展水平，是增强农村经济活力、促进农

业快速发展、逐步提高农民收入水平的制度保证。首先，要在坚持家庭承包责任制的基础上，建立土地流转机制，使农业生产的基本要素流动起来，实现土地的转包和转让，这是农业生产经营方式的一种创新，它有利于农业生产走上商品化、集约化和现代化的发展道路，有利于增加农民的收入。其次，要积极发展贸工农一体化的产业化经营，农业产业化经营打破了农户单独进行生产经营的模式，把千家万户的小生产与千变万化的大市场联系起来，在家庭承包责任制的基础上增强了农户的竞争力，延长了农业产业链条，提高了农业的综合效益和市场化程度，是增加农民收入的一种新途径。

七、加大扶贫工作力度是增加农民收入的重要手段

经过十几年的努力，我国在消除贫困方面取得了显著的成就，但目前我国农村地区仍有 3000 多万贫困人口。这部分人口主要集中在生活和生产基础设施差、自然条件恶劣的偏远地区，缺乏生产自立的基本条件，人均年收入在千元以下，温饱问题都不能解决。因此，消除农村地区的贫困人口，不仅是解决贫困人口生存的迫切需要，也是提高农村居民整体收入水平的需要。今后的扶贫工作要与实施西部大开发战略结合起来，要与生

态环境保护结合起来，要与市场机制有机地结合起来。扶贫工作要把修路、引水、通电等基础设施建设作为起点，把改善农业生产基本条件作为重点，坚持开发式扶贫的方针，并把扶贫与农村社会保障制度的建立结合起来。各级政府要逐步增加扶贫基金的数量，加强扶贫基金的管理，提高扶贫基金的使用效率，坚决堵住挪用扶贫基金的漏洞。要不断完善扶贫机制，层层落实责任制，通过机制创新加快扶贫的进程和实际效果。

八、增加农民收入的其他措施

除了采取上述措施以外，各级政府还应为增加农民收入、改善农民生活状况创造良好的社会环境。一是努力减轻农民负担。各级地方政府要切实落实好中央有关减轻农民负担的各项规定，坚决制止各种乱集资乱摊派，对涉及农民负担的恶性案件，要依法追究有关责任者的党纪、政纪和法律责任，要逐步深化农村税费制度改革，从根本上减轻农民负担。二是控制农村人口过快的增长。农村家庭人口数量比城镇多，人口增长速度也比城镇快，这不利于提高农村居民的人均收入水平，因此，农村地区要切实落实好国家的计划生育政策，控制农村人口过快的增长。三是大力发展农村教育事业。在普及初等文化教育的基础上，要加强农业技术方面的教育，全面普及农业科技知识，大力推广农业实用技术，努力提高农村劳动者的素质。四是加快农村社会保障制度的建立。在自我保障为主的基础上，逐步建立起农村养老保险和医疗保险制度，建立起农村居民最低生活保障制度，解决农民的后顾之忧。

［原载《生产力研究》2001 年第 1 期，与曹力民合作完成］

两极分化问题研究

一、两极分化的含义

社会主义的根本目的是要实现共同富裕，避免两极分化。什么是两极分化？尽管人们经常谈论到这个问题，但并没有进行深入的研究，也没有搞清楚两极分化的含义、形成条件等相关问题。

（一）前人的论述

1. 马克思的论述。马克思在阐述资本主义积累的一般规律时指出：“社会的财富即执行职能的资本越大，它的增长的规模和能力越大，从而无产阶级的绝对数量和他们的劳动生产力越大，产业后备军也就越大。”“工人阶级中贫苦阶层和产业后备军越大，官方认为需要救济的贫民也就越多。这就是资本主义积累的绝对的、一般的规律。”“这一规律制约着同资本积累相适应的贫困积累。因此，在一极是财富的积累，同时在另一极，即在把自己的产品作为资本来生产的阶级方面，是贫困、劳动折磨、受奴役、无知、粗野和道德坠落的积累。”① 在论述资本原始积累时，马克思又指出：“一方面是货币、生产资料和生活资料的所有者，他们要购买别人的劳动力来增殖自己所占有的价值总额；另一方面是自由劳动者，自己劳动力的出卖者，也就是劳动的出卖者。”“商品市场的这种两极分化，造成了资本主义生产的基本条件。”②

因此，马克思论述的两极分化是资本主义产生的必要条件，是资本主义生产发展的必然结果，它是通过资本家对工人进行剥削而形成的，是资产阶级与无产阶级之间资本和贫困的积累，是两个阶级之间地位不平等和相互对立的根本体现。

2. 邓小平的论述。邓小平关于两极分化的论述有很多，可以概括为以下几点：

---

① 马克思著：《资本论》第一卷，人民出版社 1975 年版，第 707 ~ 708 页。
② 马克思著：《资本论》第一卷，人民出版社 1975 年版，第 782 页。

第一，把消除两极分化作为社会主义与资本主义的本质区别之一。邓小平在论述社会主义本质时明确指出："社会主义的本质，是解放生产力，发展生产力，消灭剥削，消除两极分化，最终达到共同富裕。"① 这一论述不仅突出了生产力的重要地位，强调了社会主义的最终目标是实现共同富裕，而且把消除两极分化作为社会主义的一个本质特征提出来，作为实现共同富裕的途径和手段。邓小平还多次指出，"社会主义与资本主义不同的特点就是共同富裕，不搞两极分化。"② "社会主义的目的就是要全国人民共同富裕，不是两极分化。"③ "社会主义最大的优越性就是共同富裕，这是体现社会主义本质的一个东西。"④ 因此，把共同富裕当作社会主义的一个本质特征，把两极分化作为共同富裕的对立面，两者不可兼容，这是邓小平自始至终坚持的一个思想。

第二，是否出现两极分化，是判断改革成败的重要标准。邓小平指出："如果我们的政策导致两极分化，我们就失败了；如果产生了什么新的资产阶级，那我们就真是走了邪路了。"⑤ "如果导致两极分化，改革就算

① 《邓小平文选》第3卷，人民出版社1993年版，第373页。
② 《邓小平文选》第3卷，人民出版社1993年版，第123页。
③ 《邓小平文选》第3卷，人民出版社1993年版，第110~111页。
④ 《邓小平文选》第3卷，人民出版社1993年版，第364页。
⑤ 《邓小平文选》第3卷，人民出版社1993年版，第111页。

失败了。”[1]“如果搞两极分化，情况就不同了，民族矛盾、区域矛盾、阶级矛盾都会发展，相应地中央和地方的矛盾也会发展，就可能出乱子。”[2]因此，社会主义绝不允许出现两极分化。

第三，社会主义制度的建立，是消除两极分化的根本保证。邓小平认为，在我国经济建设中，要始终防止和避免两极分化的出现。“发展经济要走共同富裕的道路，始终避免两极分化。”[3]“我们的改革，坚持公有制为主体，又注意不导致两极分化”[4]。社会主义制度“应该而且能够避免两极分化。解决的办法之一，就是先富起来的地区多交点利税，支持贫困地区的发展。”[5]社会主义制度的建立是消除两极分化的根本保证。“只要我国经济中公有制占主体，就可以避免两极分化。”[6]“坚持社会主义，实行按劳分配的原则，就不会产生贫富过大的差距。再过二十年、三十年，我国生产力发展起来了，也不会两极分化。”[7]

第四，只有当两个极端朝着两个相反的方向运动时，才会产生两极分化。邓小平指出，在我国经济改革

---

① 《邓小平文选》第3卷，人民出版社1993年版，第139页。
② 《邓小平文选》第3卷，人民出版社1993年版，第364页。
③ 《邓小平文选》第3卷，人民出版社1993年版，第149页。
④ 《邓小平文选》第3卷，人民出版社1993年版，第139页。
⑤ 《邓小平文选》第3卷，人民出版社1993年版，第374页。
⑥ 《邓小平文选》第3卷，人民出版社1993年版，第149页。
⑦ 《邓小平文选》第3卷，人民出版社1993年版，第64页。

和发展中，“如果富的愈来愈富，穷的愈来愈穷，两极分化就会产生”[①]；“我们的政策是不使社会导致两极分化，就是说，不会导致富的越富，贫的越贫。”[②]

（二）学术界不同的观点

1. 两极分化的含义。

一是绝对相对含义论。一些学者认为，可以从绝对含义和相对含义两个方面来理解两极分化。两极分化的绝对标准是指最高收入组的绝对收入提高的同时，最低收入组的绝对收入下降。两极分化的相对标准是指最高收入组的收入与中值收入的比例上升的同时，最低收入组的收入与中值收入的比例降低[③]。

二是广义狭义观点论。持此观点的学者认为，“广义的两极分化，就是在生产力发展过程中所产生的，导致一定贫富差距的向着贫和富两个方向上的社会分化。在这个意义上讲，任何经济学意义上的社会分化，都是两极分化。”“狭义的两极分化，从定量的角度讲，是指使一定社会体系中的贫富差距，已经达到了相当程度或某种具体指标的贫富分化；从定性的角度讲，是指在

① 《邓小平文选》第 3 卷，人民出版社 1993 年版，第 374 页。

② 《邓小平文选》第 3 卷，人民出版社 1993 年版，第 172 页。

③ 赵人伟、李实、卡尔·李思勤主编：《中国居民收入分配再研究》，中国财政经济出版社 1999 年版，第 147 页。

私有制社会或存在着较大规模的私有经济成分的社会中，收入分配极度拉大，社会财富愈来愈积聚在极少数富有者手中，贫困在社会成员的另一极积累，而社会中等收入者在数量和占总人口中的比例都在急剧减少，也就是说，问题最关键的环节，不是两端越来越尖，而是中间段越来越小，并且是趋向于更小。”①

三是生产资料占有关系不平等论。该观点认为，“两极分化是对一部分社会成员由于收入高而逐步积累大量财产，另一部分社会成员由于收入低而逐步贫困化的经济现象的理论概括，其核心是一种财产或生产资料占有关系上的极端不平等。”②

四是财富占有状况不均等论。与生产资料占用关系不平等论相一致，有的观点认为，“‘收入差距’所体现的是某段时期（通常为一年）居民在获得收入数量上所存在的差别，因为收入是一个流量概念，它表示某段时期的收入数量；‘两极分化’所体现的却是居民在占有财富状况上所呈现的巨大差别。而财富是一个存量概念，表示某个时点的财富状况。依此可见，简单地在收入差距与两极分化之间画等号是不妥当的。”③

---

① 朱光磊著：《中国的贫富差距和政府控制》，上海三联书店2002年版，第37～38页。

② 刘平量主编：《当代分配经济辞典》，山西经济出版社1992年版，第261页。

③ 张问敏、宋光茂、郑红亮、王利民、詹小洪编：《中国经济大论战（第二辑）》，经济管理出版社1997年版，第59页。

五是地位不平等论。持此观点的学者认为，两极分化，“其内容是指一部分人发财致富成为剥削者，而另一部分人失去生产资料，不得不受他人剥削而贫困破产。”[①] “两极分化是指私有制社会里一部分人发财致富成为剥削者，而另一部分人失去生产资料沦为被剥削者陷入贫困。”[②] 即两极分化反映的是剥削和被剥削的关系，与生活富裕程度的差异有本质的不同。

六是“两极分化质量规定论”。该观点认为，“两极分化的量的规定性是指：贫富两极之间的收入差距和财富占有差距必须达到一定的数量，即在整个社会中形成明显的极度富有人口和极度贫困人口”；两极分化的质的规定性是指：“从动态和趋势上看，贫富两极之间的分化不断加剧，鸿沟日益加深”；“穷的越来越穷，富的越来越富，必然会在整个社会中形成明显的两大阶级及其之间的深刻矛盾和冲突”[③]。

2. 产生两极分化的原因。

一是商品经济原因论。即“两极分化是商品经济条件下价值规律自发作用的必然产物。”在商品经济中，生产经营者的条件不同，那些生产条件好和效率高

① 吴树青主编：《邓小平理论概论》，辽宁教育出版社 1998 年版，第 134 页。
② 张文化主编：《邓小平理论概论》，高等教育出版社 1998 年版，第 105 页。
③ 崔朝栋：“社会主义市场经济与两极分化”，《学习论坛》1996 年第 7 期，第 17 ~ 20 页。

的生产经营者，能获得较多的收入，愈来愈富裕；那些生产条件差、效率低的生产经营者，常常得不到应有的收入，以致贫困破产。小生产者的两极分化产生了资本主义生产关系；在资本主义社会，两极分化达到了最严重的程度①。

二是私有制原因论。持此观点的学者认为，“两极分化是指在私有制社会里一部分人发财致富成为剥削者，而另一部分人失去生产资料沦为被剥削者陷入贫困。”② 私有制是产生两极分化的唯一原因。

三是私有制和市场经济共同决定论。一些学者认为，“由于存在着私有制经济和实行市场经济，因而在一定范围内仍然存在产生两极分化的经济条件，这是因为：私有制经济的存在使一部分人可以凭借占有的生产资料获取大量他人劳动的成果，激烈的市场竞争产生的优胜劣汰自发地趋向两极分化。”③

四是生产条件原因论。该观点认为，两极分化根源于生产条件，即生产资料的占有状况，也就是少数富有者凭借生产资料的所有权占有他人的剩余劳动而致富。只要存在资本主义私有制，两极分化作为一种趋势就不

① 刘平量主编：《当代分配经济辞典》，山西经济出版社1992年版，第261页。

② 张文化主编：《邓小平理论概论》，高等教育出版社1998年版，第105页。

③ 吴树青主编：《邓小平理论概论》，辽宁教育出版社1998年版，第145页。

可能消灭[①]。

3. 关于“两极”的认识。

一是“中间小、两端大”论。一些西方学者认为，全社会的收入分配按水平分布如果呈“橄榄形”或“菱形”，即处在两端的社会成员收入水平分别相当高和相当低，而社会的中间层是一个“大肚子”的话，不属于两极分化的范畴；“两极分化”的图形，应当是“中间层”较小，“贫”和“富”的两端很大[②]。

二是“中间大、两端小”论。多年来，在理论界和生活舆论中，有人把“菱形”的收入分布状况和模式当作“两极分化”，持有这种观点的人认为，只要社会中存在着极端的贫困和极端的富有，就是“两极分化”[③]。

4. 判断两极分化的标准。

一是“两标准”论。有的学者认为，“判断是否出现两极分化至少有两条标准：其一，是否产生两个具有相当规模的‘极端’阶层。即凭借财产而占有更多社会财富的阶层与凭借劳动而占有较少社会财产的阶层，尤其是前者数据要达到一定规模；其二，是否在占有社会财富上呈现‘两极’趋势，即财产所有者占有的社

---

① 于祖尧主编：《中国经济转型时期个人收入分配研究》，经济科学出版社1997年版，第31页。

② 朱光磊著：《中国的贫富差距和政府控制》，上海三联书店2002年版，第40页。

③ 朱光磊著：《中国的贫富差距和政府控制》，上海三联书店2002年版，第41页。

会财富越来越多，而劳动者所占有的社会财富则相对减少。”①

二是政治标准论。这种观点认为，两极分化应该有一个“政治标准”，这个“政治标准”就是国家的方针政策是不是主要为高收入者、为拥有巨额财富的私人服务的，为维护有钱人的利益服务的。美国等资本主义国家，是由代表大资产阶级利益的人管理统治的国家，整个国家机器、对外政策，都是从维护大财团的利益出发的，实际上是大财团聚敛财富的工具。在这样的环境里，有钱人越来越富，穷人则越来越穷②。

（三）如何理解两极分化的含义

1. 两极分化的界定。从经济学角度来界定，两极分化是指社会经济运行过程中，由于竞争规律、分配规律等因素的共同作用，企业的生产经营状况、居民的生产成果占有量或资本拥有量、个人的收入水平等出现了巨大的差距，形成了两个相互对立的极端，给社会和经济发展带来了一定的负面影响。可以从四个方面理解其含义：

---

① 张问敏、宋光茂、郑红亮、王利民、詹小洪编：《中国经济大论战（第二辑）》，经济管理出版社 1997 年版，第 60 页。

② 游宏炳著：《中国收入分配差距研究》，中国经济出版社 1998 年版，第 97 ~ 98 页。

首先，两极分化的主体既可以是企业或生产者，也可以是居民个人，要根据两极分化的具体内容来确定。

其次，两极分化的内容比较宽泛，可以是指企业的生产经营状况，也可以是指居民个人的生产成果占有量、资本拥有量或收入水平等。

再次，只要市场经济存在，价值规律和竞争规律发挥作用，企业或生产者之间就有可能出现两极分化；只要生产成果、个人收入不是按照平均的方式进行分配，居民个人收入分配就有出现两极分化的趋势，但不同的社会制度可以对其起到推动或阻止的作用。因此，两极分化是经济体制和社会制度两个方面原因综合作用的结果。

最后，出现两极分化的结果是，一些企业或生产者得到了进一步的发展，另一些则难以生存，甚至破产；对于居民个人来讲，处于两个极端的群体，不仅生活状况悬殊过大，而且地位也完全不平等。因此，两极分化给社会带来了一定的负面影响，制约了经济的快速发展，它所反映的是一定社会的生产关系。

2. 两极分化一般与特殊。两极分化是对现实经济现象的理论概括，因此，当我们谈到两极分化时，它是一个一般的或抽象的概念，我们可以将之称为两极分化一般；当两极分化一般转化为具体的两极分化时，即转化为两极分化特殊时，可以有多种不同的表现形式。如不同社会制度中的两极分化、生产者之间的两极分化、资本或财富拥有量的两极分化、个人收入分配的两极分化等，现实生活中存在的是具体形式的两极分化。马克思在论述两极分化时，是指资产阶级凭借所拥有的生产资料，对无产阶级进行剥削，积累了大量的财富和资本，而无产阶级中的贫困者成为一个特殊困难的阶层，其贫困生活状态与资产阶级所拥有的财富和资本形成了鲜明的对比，导致了两极分化，这是资本主义社会中出现的两极分化，是两极分化特殊中的一种具体形式。邓小平在论述两极分化时，指的是个人收入分配的两极分化，而且主要是从社会制度的角度进行分析，把它作为共同富裕的对立面来论述。

3. 收入分配两极分化。当我们谈到两极分化时，一般是指个人收入分配的两极分化。

收入分配两极分化是两极分化特殊的一种具体形式，反映的是个人收入分配关系，而不是企业或生产者的发展状况，也不是个人财产或资本的拥有量。收入分配两极分化是指个人收入分配领域中出现了过大的收入差距，导致了富有和贫困两个阶层的出现，形成了两个极端，使收入分配处于极不公平、极不合理的状态，制约了经济健康快速的发展，影响了社会的稳定。

市场经济的运行使企业的生产经营成果和个人收入出现差异性，这是产生两极分化的必要条件，但并不是充分条件。在单一实行平均分配或按需分配的社会中，不可能出现两极分化；当收入分配方式多元化、而且具备产生收入差异的内在机制时，就会出现收入差距；当收入差距达到一定程度时，就有可能导致收入分配两极分化。所以，收入分配方式多元化是产生两极分化的充分条件。

收入分配两极分化反映的是不同社会阶层之间的收入分配关系，如果出现了两极分化，在两个极端的贫困阶层和富有阶层就会处于相互对立的状态，地位完全不平等。因此，两极分化不仅与数量变动有关，而且与社会制度密切相关。只有当收入差距过大、贫穷者与富有者达到一定规模和形成一定社会阶层时，才会产生收入分配两极分化。

由于生产力发展水平迅速提高，物质产品不断丰富，人们的收入水平不断提高，生活状况逐步改善。例如，在美国，人均个人可支配收入在 1990 年为 17176 美元，1999 年增长到 24307 美元[①]。在我国，10% 最低收入的城镇居民人均收入在 1989 年为 693 元[②]，2000 年增长到 2653 元[③]。因此，在任何社会制度中，处于两极的不同社会阶层或群体的收入都是朝着增多的方向发展，即朝着同一方向变动，而不可能朝着两个相反的方

① 国家统计局：《国际统计年鉴（2001）》，中国统计出版社 2001 年版，第 572 页。

② 国家统计局：《中国统计年鉴（1990）》，中国统计出版社 1990 年版，第 297 页。

③ 国家统计局：《中国统计年鉴（2001）》，中国统计出版社 2001 年版，第 307 页。

向运动。朝着两个相反的方向运动只会在个别特殊的条件下短时期内出现，但总的趋势是两极都在增多，但速度明显不同，两极之间收入差距在逐步拉大，这是两极分化的基本特征。在两极之间收入差距扩大的基础上，两极分化不可能是“橄榄形”或“菱形”，这是市场经济中收入分配的常规表现；也不可能是“沃尔夫森型”①，即中间越来越小，两极越来越大；而是长度不断拉长即收入差距不断增大的“链条型”。

二、收入差距与两极分化的关系

在我国经济和社会发展过程中，存在着一些突出的问题，主要表现之一是收入差距拉大。过大的收入差距是否会导致两极分化？这是人们目前关注的焦点问题之一。

（一）不同的观点

1. 非等同论。一些学者认为，“两极分化不是等同于收入差距扩大，因为收入差距扩大既可以表现为‘穷人更穷和富人更富’这样一种形式之外，也可表现

---

① 朱光磊著：《中国的贫富差距和政府控制》，上海三联书店 2002 年版，第 39 页。沃尔夫森在加拿大高级研究院工作，1994 年在《美国经济评论》上发表论文，阐述对收入分配和不平等问题的看法，在学术界引起较大的反响。

为‘穷人小富和富人大富’等其他种形式。”①

还有些学者认为，“我国是社会主义国家，是由代表人民利益的人管理国家，我们的目标是不断地提高人民物质文化生活水平，朝着共同富裕的方向努力。近年出现的收入分配差距扩大的状况，是为着激发各方面的积极性，加快国民经济的发展，是为着创造更多的物质财富满足人民群众的生活需要，国家也正在有意识地、有计划地采取政策措施促进共同发展，缩小收入分配差距。因此，不能简单地将收入分配差距的扩大归结为两极分化”。②

2. 等同论。与“非等同论”相反的是，一些学者持有“等同论”的观点，认为“从收入差距扩大的根源看，如果高收入者主要凭借占有资本或财产而获得巨额收入，收入差距的扩大与两极分化的产生，就构成同一行为的两种表现”；“从收入差距扩大的结果看，倘若高收入者将其收入主要用于资本积累，收入差距的扩大就成为两极分化产生的温床。”③

3. 关联论。与上述两种观点不同的是，一些学者认为，收入差距与两极分化之间有一定的联系，但不能

---

① 赵人伟、李实、卡尔·李思勤主编：《中国居民收入分配再研究》，中国财政经济出版社 1999 年版，第 146 页。

② 游宏炳著：《中国收入分配差距研究》，中国经济出版社 1998 年版，第 98 页。

③ 张问敏、宋光茂、郑红亮、王利民、詹小洪编：《中国经济大论战（第二辑）》，经济管理出版社 1997 年版，第 60 页。

简单地把两者等同起来，要从收入差距扩大的根源以及收入差距扩大的结果进行具体的分析。收入千元的人，比收入百元的人富了十倍，不能因此便判断两者处于“两极”。但是，“朱门酒肉臭，路有冻死骨”，也是古人透过“物”的贫与富，看出了人与人之间的两极关系的①。

（二）收入差距与两极分化的关系

1. 收入差距与两极分化之间有一定的联系。收入差距和两极分化都是与个人收入分配相联系的经济范畴，两者之间有一定的联系。当收入差距扩大到一定程度，并超过了一定的数量界限时，就有可能出现两极分化；没有收入差距，就不可能有两极分化；收入差距是两极分化的基础，两极分化是收入差距可能带来的结果，但收入差距并不必然要导致两极分化。如果个人收入分配中出现了收入差距，但收入差距比较小，这种情况不会引发两极分化。如果收入差距较大，但它是必须拉开的合理的收入差异，这种情况也不会引发两极分化。所以，收入差距与两极分化之间有一定的联系，但两者之间并不是必然的因果关系。

---

① 张问敏、宋光茂、郑红亮、王利民、詹小洪编：《中国经济大论战（第二辑）》，经济管理出版社 1997 年版，第 54～60 页。

2. 收入差距和两极分化反映的关系不同。收入差距是指收入分配偏离了某种标准而出现的一种收入分配现象，它只表明一种数量关系，与社会制度没有直接的关系。任何社会的收入分配都不是均等的，都有可能出现收入差距，均等的收入分配在现实社会中并不存在。所以，收入差距是任何社会中都不可避免的一种经济现象。

两极分化是从宏观方面表明，一个社会不同社会阶层在收入分配中所处的地位完全不平等。它是一个反映社会经济关系的范畴，与社会制度密切相关。只有具备了一定的社会基础和条件，即社会上出现了两个相互对立的阶层，彼此之间的地位完全不平等，且收入差距越来越大，过大的收入差距才会导致两极分化。如果只是极少数人暴富起来，或只是极少数人处于贫困状态，两者都没有达到一定的规模或比例，也没有形成具有一定特征的阶层，不会导致两极分化；如果一些人凭诚实劳动和合法经营富裕起来，收入差距拉大，但人们之间的收入分配关系没有发生变化，地位仍然平等，也不会导致两极分化。

（三）我国目前是否出现了收入分配两极分化？

《“十五”计划纲要》指出，要“防止收入分配两极分化”，既然是“防止”出现，它表明我国目前的社会中还没有出现两极分化。人们对这个问题有不同的理解。

1. 不同的认识。我国目前是否出现了收入分配两极分化？对此经济学界有不同的观点。

一是“两极分化论”。有的学者认为，目前全国约有 100 万人拥有 100 万元以上的财产，而我国一些贫困地区连温饱问题都没有解决，“贫富两极分化的问题已十分明显”①。

二是“两极未分化论”。该观点从本质上否定出现了两极分化，但对收入分配状况的认识又互不相同。一些学者认为，我国居民收入分配差别总体状况是大致适当的②；还有的学者认为，目前我国的收入分配不均等已经达到相当高的程度，但还没有明显出现两极分化的问题③。另一些学者认为“从国际的横向比较看，我国城镇居民的收入差距现在仍然处于合理区间，但已经有走向两极分化的趋势”④。

本课题组 2002 年初调查的结果显示，在文化层次较高的高校，51.8% 的人认为目前已经出现两极分化，

---

① 宋冬林：“我国现阶段收入分配问题分析及其理论思考”，《财经问题研究》1995 年第 8 期，第 13 页。

② 陈宗胜著：《经济发展中的收入分配》，上海三联书店 1991 年版。

③ 李实、赵人伟：“中国居民收入分配再研究”，《经济研究》1999 年第 4 期。

④ 牛飞亮：“城镇居民收入差距的国际比较”，《经济理论与经济管理》2001 年第 2 期，第 64～68 页。

46.3%的人认为两极分化正在形成，认为没有出现两极分化的比率不到2%。出现这种情况，与目前过大的收入差距有关，这是人们进行判断的基本依据，但也与人们的心理状态和承受能力有关。心理状态和承受能力是非常复杂的因素，具有一定的弹性，与居民的生活状况、经济发展水平、获取收入的机会均等程度、获取收入的手段、对未来收入增长的预期、传统文化观念等密切相关。因此，在努力改善人们生活状况的基础上，必须加大力度，规范收入分配，理顺收入分配关系，改善人们的心理状态，提高人们的心理承受能力，使广大人民群众对目前的收入分配形势有一个比较正确和乐观的认识，避免出现整体的判断失误，这是目前需要解决的一个重要问题。这一问题解决不好，不利于经济持续健康地发展（参见表1）。

表1　关于目前是否出现收入分配两极分化的调查

内　容	没有	正在形成	形成	小计
总人数	6人	151人	169人	326人
比重	1.8%	46.3%	51.8%	100%

注：此次调查在山西省太原市某师范学院进行，调查对象主要包括学生（占总人数的70.2%）和教工（占总人数的29.8%）。

上述调查只是从社会的一个层面反映了人们对收入分配两极分化的判断。实际上，从不同的角度分析，可以得出不同的回答。

若用平均主义的标准来衡量，收入分配均等化才是合理的，收入差距过大必然导致两极分化，过大的收入差距就等于两极分化。

若用西方经济学的观点来分析，在市场经济条件下，市场机制自由地发挥作用，每个人得到的收入完全取决于市场，靠行政手段来调节收入分配，只会造成更大的不公平。按照这种观点分析，就不存在两极分化问题。

若从低收入者的角度来判断，由于其自身的收入水平很低，生活条件难以得到改善，承受力差，需要得到社会救助，必然得出两极分化已经出现的结论。

若从高收入群体的角度来看，为了维护自身的经济利益，必然得出与低收入者相反的结论，即两极分化不会出现。

2. 我国目前是否出现了收入分配两极分化。

第一，仍处于量变过程之中。收入分配两极分化的形成是一个由量变到质变的过程，只有量变达到一定程度，才会出现两极分化。在我国现阶段，尽管个人收入差距有所扩大，但只是表现在一些方面，如城乡之间、不同区域之间的收入差距过大，并不是所有领域的收入差距都偏大，如脑体劳动者之间的收入差异仍然没有拉开，在众多的行业中，除个别垄断行业外，大多数行业之间的收入差距仍在合理的限度内，事业单位内劳动者之间的收入差距更小。从时间方面来看，改革以来我国居民的收入都在增多，都在朝着同一方向发展，收入差距在20世纪80年代中期曾一度缩小，只是在最近十几年收入差距才趋于扩大，时间比较短，而且还没有形成一种不可改变的长期趋势。因此，目前的收入差距仍是一个量变的过程，并没有达到发生质变的程度。

第二，贫富两个阶层仍未形成。收入分配两极分化是指社会中出现了收入极为悬殊、地位根本不平等的对立阶层，形成了两个极端，而不是指个别人暴富或无法生存。在我国现阶段，尽管有一定数量的人暴富起来，成为百万、千万或亿万富翁，引起了人们的关注，但这部分人在12亿多中国人中只是占一个很小的比例，并不能影响和改变事物的本质。尽管我国目前农村仍有三千万左右的贫困人口，城镇中也出现了一定数量的贫困者，其绝对数量还相当可观，但这部分人在我国总人口中只占很小的比重，而且在逐年减少，处于不断的变动过程中——在政府援助、市场经济等多层因素的作用下，原有的贫困者可能脱贫，而非贫困者有可能成为新的贫困者。所以，我国目前的社会中还没有形成收入差距极为悬殊、相互对立的两个阶层，这两个阶层的组成、规模、属性等基本特征还没有充分表现出来。

第三，经济关系没有改变。在我国现阶段，某些方面收入差距过大，超出了合理的限度，但从整个社会来看，只是局部范围出现了过大的收入差距，它并没有覆盖整个社会，而且贫富两个阶层并没有形成，人们之间的地位仍然平等。即致富者没有成为不劳而获的剥削者，他们仍是普通劳动者中的一员；贫困者没有成为一无所有的被剥削者，他们仍有权利参与劳动，仍有机会改变自己的贫困状况。这就决定了我国公有制基础上的生产关系没有改变。因此，收入差距的扩大并没有改变现有的经济关系，并没有改变劳动者之间平等的地位。

第四，采取措施防止两极分化。我国目前过大的收入差距还没有达到引发两极分化的程度，但过大的收入差距必须引起我们高度的重视。特别是在目前，极少数暴富者往往是通过种种非法手段获得高收入的，隐蔽性大，这就使个人收入分配的家底难以完全摸清。对于低收入者和贫困者来说，其规模和收入水平具有公开性，而暴富者具有很大的隐蔽性，其规模、收入水平都难以搞清楚，这在客观上加大了宏观调控的难度。因此，我们不能只看统计数字，而要事先采取预警措施，避免收入分配两极分化的产生。

三、防止收入分配两极分化

邓小平指出，社会主义最大的优越性就是共同富裕。如果富的越来越富，穷的越来越穷，两极分化就会产生。如果我们的政策导致两极分化，我们就失败了。我国《国民经济和社会发展第十个五年计划纲要》在论述收入分配问题时也明确指出，要“防止收入分配两极分化”。因此，防止两极分化，避免两极分化的产生，不仅是一个涉及每个人切身利益的收入分配问题，而且是一个关系到我国社会主义制度能否存在的重大问题。

（一）不同的观点

防止收入分配两极分化，关键在于缩小收入差距。如何缩小收入差距？研究的角度不同，提出的对策建议也不同。

一是“劳动力流动论”。“缓解收入差距扩大的一个最大的‘政策’就是加快劳动力和其他生产要素的市场化进程的改革，尽快地解除劳动力和生产要素自由流动的制度性障碍。”①

二是“教育抓起论”。“在市场经济条件下，教育等人力资本将是决定个人收入及其分配的主要因素。对此，我们必须未雨绸缪，现在就高度重视教育的平等分配问题，从收入源头的分配上而非仅仅是从对结果的平抑上来确保共同富裕目标的实现。”②

三是“整治不法财产来源论”。有的学者在分析研究了我国居民财产分配关系后，提出“我们应该把政

---

① 李实、赵人伟、张平：“中国经济转型与收入分配变动”，《经济研究》1998年第4期。

② 赖德胜：“教育、劳动力市场与收入分配”，《经济研究》1998年第5期，第48～49页。

策的重点放在如何整治不法财产来源方面”①。

四是“均衡发展战略论”。有的学者从城乡收入和城乡经济协调发展的角度，提出要“扭转从农业部门积累工业化资金的传统经济发展战略，实行工业、农业均衡发展战略”②。

五是“发展论”。持有本观点的学者认为，要抓住发展环节，“只有经济发展了，‘蛋糕’做大了，才能为公平分配和减轻贫困打下牢固的物质基础”③。

六是“反对两种倾向”论。该观点认为，收入和财富占有“差距的拉大能否导致两极分化，取决于国家的政策取向。我们认为，国家在制定分配政策时，要注意反对两种倾向：一种倾象是看到收入差距扩大了，担心出现两极分化，以牺牲效率为代价，重新回到老路上，搞平均主义，结果挫伤人们的积极性”；“另一种倾向是以提高效率为理由，对收入差距的扩大熟视无睹，甚至忘记了共同富裕的根本目标，结果造成收益分配不公，失去了实施政策的群众基础。”④

---

① 李实、魏众、B. 古斯塔夫森：“中国城镇居民的财产分配”，《经济研究》2000年第3期，第22页。

② 周叔莲、郭克莎主编：《中国城乡经济及社会协调发展研究》，经济管理出版社1996年版，第224页。

③ 赵人伟、李实、卡尔·李思勤主编：《中国居民收入分配再研究》，中国财政经济出版社1999年版，第68页。

④ 王军旗：“按生产要素分配与两极分化”，《西安政治学院学报》1999年第4期，第66~69页。

七是“保障论”。该观点认为，“只要收入来源合理合法，即使差别扩大也是正常的。”“政府政策的指向还应更多地关注最贫困阶层，完善社会保障制度，健全社会保险措施”①。

（二）如何防止收入分配两极分化

在我国目前收入差距偏大的情况下，必须采取全方位的措施，防止收入分配两极分化。

1. 抓住主要矛盾。收入差距全方位拉开，表现在许多方面，在这种条件下，必须抓住主要矛盾，集中力量来解决。城乡居民收入差距大，涉及我国社会中两大基本群体，特别是近几年来农村居民收入增长缓慢，因此，要把增加农民收入作为整个经济工作的突出任务，加快农业和农村经济的结构调整，大力发展农业产业化经营，深化农村税费改革和粮棉流通体制改革，积极拓宽农民增收渠道，建立和完善农村社会保障体系。我国农村人口占全国总人口的63%，农民富，天下富，农村稳，天下稳。只要我们能够把主要矛盾解决好，就可以为解决收入方面的其他矛盾创造良好的条件。

---

① 陈宗胜：“中国城市居民收入分配差别现状、趋势及影响因素——以天津市为案例”，《经济研究》1997年第3期，第30～31页。

2. 抓住矛盾的主要方面。随着收入差距的扩大，社会中逐步出现和形成了一个收入水平低、生活困难的弱势群体，如果这一群体的基本生活得不到保障，势必引发一系列的社会问题。因此，我们要善于抓住问题的关键，努力提高低收入群体的收入水平，保障其基本生存。

一是要健全最低工资保障制度。目前我国大多数省、市、区已颁布和实施了最低工资保障制度，但还要建立健全与经济发展水平相适应的最低工资标准调整机制，以保证工薪劳动者的最低劳动保障和基本权益。要加强和改进对企业工资分配的宏观调控，保障劳动者的基本生计。

二是进一步完善最低生活保障制度。建立城市最低生活保障制度，是政府保障人民群众基本生活权益的最后一道防线，应下决心在全国所有城市推行这项制度。当务之急是落实两个“确保”，即确保国有企业下岗职工基本生活费和离退休人员基本养老金按时足额发放。保障基金应主要由各级地方财政负担，对于财政资金确有困难的贫困地区，则应通过省级财政或中央财政的转移支付机制解决，以保证中西部贫困地区能够实施这项制度。

三是积极扩大就业和再就业渠道。要积极发展就业容量大的劳动密集型产业、服务业、中小企业，扩大社区就业门路，发展劳动力市场，完善就业服务体系，做好劳动力再就业的培训工作。

3. 强化个人所得税的调节功能。税收是政府调节收入分配关系的重要杠杆之一。对于过高的个人收入，要依法进行调节。为此，必须进一步完善个人所得税制，逐步由分项所得税制向综合所得税制过渡，建立个人收入和法人支付双向申报制度，完善实名存款制度，扩大个人所得税代扣代缴的覆盖面，严格执行代扣代缴制度。

4. 规范收入分配。收入分配关系混乱，不合理收入有增无减，个人收入的家底摸不清，是目前收入分配中存在的主要问题。因此，必须加强管理，整顿收入分配秩序。为达到这一目标，要完善微观收入分配监督机制，规范微观分配主体收入分配行为，加大宏观监督和调控的力度，逐步建立全国统一的个人收入账户，实现收入货币化和发放规范化，增加个人收入分配的透明度，通过综合治理，彻底改变目前收入分配混乱的状态。

5. 坚决取缔非法收入。一些人通过非法手段捞取不义之财，在社会中造成了极坏的影响，也使人们产生了不平衡的心理。因此，对那些靠行贿受贿、偷税漏税、以权谋私、侵吞公有财产等非法手段获取利益的人，必须依法坚决打击，严厉制裁。

[本文为作者主持完成的国家社会科学基金课题“十五”

规划项目“收入差距与两极分化问题研究”的部分研究成果，原载赵满华、王尚义主编：《收入差距与两极分化问题研究》，中国经济出版社2002年版，第13～32页]

实现分配公平 构建和谐社会

胡锦涛总书记在论述构建社会主义和谐社会问题时指出，要切实维护和实现社会公平，“把维护社会公平放到更加突出的位置，综合运用多种手段，依法逐步建立以权利公平、机会公平、规则公平、分配公平为主要内容的社会公平保障体系，使全体人民共享改革发展成果，使全体人民朝着共同富裕的方向稳步前进。”由此可见，分配公平是社会公平的重要内容之一，也是构建社会主义和谐社会的重要保障之一。构建社会主义和谐社会，必须实现分配公平。

一、判断收入分配是否公平的几种观点

收入分配是否公平是一个价值判断问题，不同的分析角度、不同的经济学派、不同的社会制度对此有不同的理解。

按照平均主义的观点，不管劳动者的劳动贡献是多少，只要每个社会成员都能得到相等的收入，就是公平分配。在空想社会主义者描绘的未来社会中，劳动产品就是平均分配。在我国传统的计划经济体制中，干多干少一个样，“大锅饭”普遍存在，平均主义的分配观在现实生活中得到了具体的表现。

按照收入分配的下限标准来看，每个社会成员能够得到满足基本生存的最低收入，就是公平分配。这种标准只强调了收入分配的下限，忽视了上限，尽管可以保障人们的基本生活，但容易造成上下限之间过大的收入差距，形成两极分化。当代一些发达资本主义国家把这种公平观作为制定分配政策的标准，制定了有关每小时最低工资收入的法规，但对人们获取收入的最高限却不加以控制，从而造成了贫富之间巨大的鸿沟。

新自由主义学派认为，如果市场机制能够自由发挥作用，每个人得到的收入完全取决于其对社会的贡献，这就是公平的分配。尽管市场机制不可能给人们带来均

等的收入，但依靠行政手段调节人们的收入分配，将破坏市场秩序本身，不仅不会带来公正，还会造成更大的不公正。

福利经济学认为，由于货币边际递减规律的作用，一个富人随货币收入的增多，增加货币的边际效用越来越小，而同一单位货币对穷人的边际效用就大，如果把富人的一部分收入转移给穷人，就会增加社会经济福利。据此，福利经济学认为，收入分配越平均，社会经济福利就越大；收入分配越是不平均，社会经济福利就越小；在不损害国民收入总量的条件下，通过收入均等化政策增加社会福利，这就是公平的收入分配。

根据发展经济学的观点，在经济起飞阶段，收入分配不均等先是迅速增长，继而又呈现出下降的趋势，收入分配逐步趋于平等，收入不均等与经济发展是倒“U”关系，因此，在经济发展水平较低和较高的阶段，较平等的收入分配是公平的，而在经济快速发展过程中，不均等的收入分配则是公平的。

二、我国现阶段判断收入分配是否公平的标准

笔者认为，我国现阶段判断收入分配是否公平的标准应该是：贯彻按劳分配为主体、多种分配方式并存的分配制度，按照劳动、资本、技术、管理等生产要素的

贡献进行收入分配，不管劳动者之间的收入是否均等，都应视为公平的分配。以此判断收入分配是否公平，主要根据是：

1. 由我国现阶段面临的主要任务决定的。目前，我国正处于社会主义初级阶段，经济发展水平比较低，面临的主要任务是发展生产力。只要收入分配能够调动劳动者的积极性，促进经济的快速发展，就应是公平的收入分配。按劳分配把个人收入与劳动贡献和经济效益联系在一起，有利于调动劳动者的劳动热情。按资本、技术、管理等生产要素进行分配，有利于合理利用和配置各种资源，有利于提高效率和促进市场经济的发展。因此，把按劳分配为主体、多种分配方式并存作为判断收入分配是否公平的标准，是由我国现阶段的主要任务决定的，也符合判断是非的“三个有利于”的标准。

2. 由我国现阶段的所有制结构决定的。改革开放使我国的所有制结构发生了重大的变化，单一的公有制结构已不复存在，非公有经济从无到有，从小到大，不断发展壮大，混合经济成分日益增多，但国民经济中占据主导地位的仍是公有经济。因此，我国现阶段的所有制结构决定了按劳分配为主、多种分配方式并存的分配格局，决定了资本、技术、管理等生产要素可以参与收入分配。

3. 由我国现阶段的经济体制决定的。我国的经济体制已由计划经济转变为市场经济，按劳分配与社会主义市场经济具有统一性。按劳分配的实现与市场经济的运行都受到价值规律的影响，两者运行的结果都带来了经济利益上的差异性。因此，以按劳分配为标准判断收入分配是否公平，符合我国市场经济发展的客观要求，而按照资本、技术、管理等生产要素的贡献进行分配，更是市场经济正常运行的客观要求。

4. 由我国现阶段的经济利益关系决定的。由于生产力发展水平比较低，物质产品还没有达到极大丰富，人们之间还存在着不同的经济利益，还存在着你我之间的界限。在经济利益存在的条件下，以按劳分配为主体、多种分配方式并存作为判断收入分配是否公平的标准，可以维护劳动者的个人利益不受侵害，避免分配上的平均主义，承认不同等的个人天赋，使一部分劳动者凭劳动先富起来，符合我国现阶段的分配政策。

三、实现公平分配，构建和谐社会

近年来，我国经济快速发展，人民生活水平迅速提高，但人们之间的收入差距也逐步拉大，反映居民收入差距状况的基尼系数已超过0.4。根据国家统计局对基尼系数的划分，0.2以下为高度平均，0.2～0.3为相对平均，0.3～0.4为比较合理，0.4以上为差距偏大。因此，在构建社会主义和谐社会的过程中，必须采取有效措施，缩小收入差距，实现公平分配。

1. 进一步完善社会保障制度，保障低收入群体的基本生存，为构建和谐社会提供基本的条件。随着收入差距的扩大，社会中逐步形成了一个收入水平低、生活困难的弱势群体，如果这一群体的基本生活得不到保障，势必引发一系列的社会问题，成为不稳定的因素，影响经济建设和改革开放，影响和谐社会的构建，因此，我们必须加大资金投入的力度，搭建起社会保障的安全网，努力提高低收入群体的收入水平，保障其基本生存。一是健全最低工资保障制度，规定劳动者的最低劳动报酬，依法保障劳动者的基本权益和基本收入。二是进一步完善最低生活保障制度。在城乡建立最低生活保障制度，是政府保障人民群众基本生活的最后一道防线，各地必须花大力气推行和完善这项制度。三是逐步转变社会保障的主体，建立起以家庭赡养为基础、以社会保障为依托、以单位保障为辅助的混合保障机制，由目前的单位和家庭保障逐步向社会保障转变。四是努力提高农村的社会保障水平。

2. 进一步完善税收制度，充分发挥个人所得税的调节功能，使税收成为构建和谐社会的有力手段。税收是政府调节收入分配关系的重要杠杆，在目前收入差距较大的情况下，必须进一步完善个人所得税制。一是适当提高个人所得税征税基点和税率，建立个人收入和法人支付双向申报制度，严格执行代扣代缴制度，严厉打击偷税漏税行为。二是充分利用现代信息技术，建立全国统一的个人所得税管理系统，更新管理手段，提高管理水平，为个人所得税法的全面实施和落实提供保障。

3. 加大财政支付转移的力度，增加公共事业支出，发挥各级政府在和谐社会构建过程中的作用。在目前城乡之间、区域之间非均衡发展的情况下，要加大宏观调控的力度，中央政府要充分发挥财政支付转移的功能，拿出更多的资金，扶持农村地区和落后地区的发展，缩小城乡之间和区域之间的收入差距。与此同时，在财政收入不断增长的前提下，要适度增加公共事业的支出，加强公共事业基础设施的建设，通过发展教育、文化、卫生等公共事业，搞好社会福利事业，提高全体居民的生活水平，使人们充分享受经济发展和改革开放的成果。

4. 积极扩大就业渠道，加强职业培训，为和谐社会的构建奠定微观基础。就业是民生之本，只有创造更多的就业岗位，才能使劳动者获得谋生的手段，降低失业率，保障劳动者的基本生存，为和谐社会的建设搭建稳定的平台。因此，各地要积极发展就业容量大的劳动密集型产业和服务业，高度重视中小企业的发展，积极开辟社区就业的门路和岗位，完善就业服务体系，鼓励劳动者创业，创造良好的创业环境，做好劳动力岗前培训和劳动者再就业的培训工作。

[原载《生产力研究》2005年第11期，与徐慧荣合作完成]

第三篇

劳动就业问题研究

Part Three

Analysis on Labor and Employment in China

扩大就业 构建和谐社会

胡锦涛总书记指出，构建社会主义和谐社会，必须“确保人民群众安居乐业”[①]。要想“乐业”，首先是解决就业问题。笔者认为，我国现阶段就业压力大，就业矛盾突出，解决好就业问题是构建社会主义和谐社会的首要任务。发展多种所有制经济，开辟新的就业渠道，是我国目前扩大就业的有效途径。

① 胡锦涛：“在省部级主要领导干部提高构建社会主义和谐社会能力专题研讨班上的讲话”，《光明日报》2005年6月27日。

一、构建和谐社会首先要解决好就业问题

1. 从我国的基本国情来看。“人口多、底子薄”是新中国成立后的一个基本国情。改革开放以来，我国经济快速发展，GDP 已超过 20 万亿元，居世界第四位，人均 GDP 达到 2000 美元以上，居民的生活水平整体上步入小康，目前正在朝着更加富裕的方向迈进，“底子薄”的状况基本得到了改变。虽然我国在计划生育方面做了大量的工作，取得了可喜的成绩，人口快速增长的势头得到了有效控制，但“人口多”的局面仍没有很大的改观，其具体表现就是就业难。从整体上看，无论是城镇还是农村，劳动力供给都明显大于需求，就业压力大成为经济发展和社会稳定的主要矛盾。因此，“人口多、底子薄”的基本国情已转变为“人口多、就业难”。目前，我国的就业矛盾十分突出，主要表现在结构、素质、区域等方面，最突出的是总量矛盾。我国城镇每年新增劳动力 1000 万人，农村有富余劳动力 1 亿多人需要转移，高校毕业生每年达到 500 万人以上，三路大军“会师”，形成巨大的就业压力。

2. 从就业的重要性来看。就业是居民生存的基本保障，是居民致富的基本手段。党的十六大提出“就

业是民生之本”，高度概括了就业的重要性。在农村，我们说土地是农民的“命根子”，我们搞家庭承包责任制，土地一包就是几十年，其目的就是让农民吃上“定心丸”，让农民拥有生存之本。在城镇，就业就是居民的“命根子”。如果一个人“无业可就、无活可干、无事可做、无钱可挣”，那就等于失去了生存之本，无法生活下去。现在一个家庭最头疼的事情不是收入低，而是家里有一个或两个无业可就的人。我们可以把就业看作是一个人的造血功能，调节收入分配和社会保障只是输血功能。一个人要生存，最重要的是要有造血功能，输血只能在一定条件下或在紧急情况下才能使用。从宏观方面来看，就业是劳动力资源的有效利用，是和谐社会之基，是社会稳定的重要保障，是构建和谐社会的基本前提。

3. 从国家的宏观调控来看。国家宏观调控有几个主要目标，包括促进国民经济协调快速发展，经济总量平衡和结构优化，实现充分就业，防止通货膨胀等。从各国近年来经济运行的情况来看，除个别时期或动乱年代外，物价比较稳定，通货膨胀已基本得到有效控制，而实现充分就业成为难点问题，许多国家失业率普遍偏高。特别对我国来讲，人口多，就业难，尽管登记失业率很低，没有超过5%，但隐性失业人员普遍存在，“在职失业”情况严重，城镇失业人员达到1700万人，成为经济发展中的主要矛盾。因此，实现充分就业已成为我国宏观经济运行中的一个难点和重点问题。

4. 从中央的重视程度来看。党的十七大报告指出，“要坚持实施积极的就业政策”，并且把“社会就业更加充分”作为全面建设小康社会的奋斗目标之一。近年来，中央一直强调要着力解决好人民群众最关心、最直接、最现实的利益问题，推动和谐社会建设，而要做好这项工作，首先是把扩大就业摆在经济社会发展更加突出的位置，其次才是建立健全与经济发展水平相适应的社会保障体系，逐步理顺收入分配关系。如《中共中央关于制定国民经济和社会发展第十一个五年规划的建议》共有十个部分，第九个部分是“推进社会主义和谐社会建设”，包括两项内容，一是积极促进社会和谐，要高度重视和谐社会的建设；二是和谐社会建设的措施，第一点就是千方百计扩大就业，后面几点才是完善社会保障体系、合理调节收入分配、丰富人民群众精神文化生活、提高人民群众健康水平、保障人民群众生命财产安全。这种顺序的安排在一定程度上表明了就业在和谐社会建设中的重要地位。因此，中央高度重视就业问题，构建社会主义和谐社会，首先是要解决好就业问题。

二、我国目前就业的基本状况

（一）就业总量继续增长

从我国就业的总体情况来看，就业总量继续增长。2004 年 12 月 31 日我国进行的第一次经济普查资料显示，第二、第三产业城镇就业人员 3.08 亿人，其中，单位就业人员 2.1 亿人，占 69.5%；个体经营人员 9422 万人，占 30.5%。城镇就业人员比 2000 年增加 7649 万人；个体经营人员比 2000 年增加 6488 万人，增幅达到几倍。

（二）就业结构进一步改善

1. 城乡就业结构优化。城乡人口构成的变化引起了城乡就业结构的变化。尽管农村就业人员基数比较大，但近年来所占比重呈现出缩小的趋势，由 1978 年的 76% 下降到目前的 50%；而城镇就业人员，无论是总量还是所占比重都逐步增大，2004 年底达到 3.08 亿人。

2. 产业就业结构得到改善。经过多次调整，我国的产业结构发生了明显的变化，第一、二、三产业在国内生产总值中的比重分别由 1978 年的 28%、48% 和 24% 转变为目前的 15%、51% 和 34%。与此相适应，三大产业的就业结构也发生了巨大的变化，第一产业就业人员由 1978 年的 2.8 亿人增长到目前的 3.6 亿人，所占比重却呈现出下降趋势。第二、第三产业的就业人员分别增长到 1.6 亿人和 2.1 亿人，所占比重也有较大的提高。

3. 所有制就业结构发生变化。从所有制方面来看，就业结构表现为“一升、一降、一多”。“一升”是指私营经济就业比重继续上升；“一降”是指集体和国有经济单位的就业人员减少；“一多”是指在城镇混合经济单位中就业的劳动者日益增多，在股份合作单位、有限责任公司、股份有限公司中的就业人员达到 2000 万人，而这些经济单位是在 20 世纪 90 年代以后才开始逐步出现的。因此，从所有制方面来看，私营经济已成为吸纳新增就业的主渠道。

4. 不同行业就业结构开始调整。从不同行业来看，部分行业就业情况变动较大。一是社会服务行业就业人员有了较大的增加。1978 年金融、房地产、社会服务业的职工分别为 65 万人、31 万人和 166 万人，2002 年分别增长到 287 万人、107 万人和 483 万人，增幅达到几倍，增幅最大的是教育文化广播电视业，所占比重增加了 7 个多百分点。二是传统行业就业规模略有缩小。如制造业 1978 年职工为 3595 万人，到 2002 年为 2907 万人，二十多年间职工人数没有增加，反而减少688万人，制造业职工在职工总数中所占的比重也降低了10个百分点。其他行业职工人数略有增加或减少，但变动幅度比较小。

（三）就业矛盾仍然十分突出

目前，我国的就业矛盾十分突出，主要表现在以下几个方面：

1. 总量矛盾。2000年我国15～64岁人口占总人口的比重为70.2%，数量为8.87亿人，2010年将达到9.7亿人。目前，我国城镇每年新增劳动力1000万人，农村有1.5亿富余劳动力需要转移，下岗失业职工超过1000万人，每年高校毕业生300万～400万人。从整体上看，我国的劳动就业形势十分严峻，劳动力供给明显大于需求，就业压力大的矛盾在短时间内难以得到根本解决。

2. 结构矛盾。随着科技的进步以及结构调整和产业升级的推进，我国经济发展中将释放出大量剩余劳动力；城镇化进程加快，上亿农村劳动力将进入城镇；一些工业部门特别是传统工业部门生产能力过剩，部分资源枯竭的矿山和困难企业关闭破产，大批职工将转岗失业；企业管理体制和劳动用工制度改革，大量冗员需要分流；加入世贸组织，一些行业受到冲击。所有这些将加剧结构性矛盾，加大就业压力，甚至导致岗位空缺与失业并存的现象。

3. 素质矛盾。科技进步、技术更新、新兴产业迅速兴起，部分低素质劳动者不适应需要而失业或难以就业，一些急需的专业技术人员和技术工人又不能满足需求甚至后继无人。劳动者素质不适应经济快速发展的需要已成为制约劳动者就业的主要障碍之一。

4. 区域矛盾。我国城乡二元经济结构仍然存在，东西部之间经济发展不平衡，其结果是大量的高素质的劳动力流入城镇和东部沿海地区，造成城镇和发达地区就业压力大，而农村和西部地区则缺乏高素质的劳动者，过剩与短缺在城乡之间和东西部之间同时并存。

5. 观念及政策方面的矛盾。从就业结构的变化趋势看，虽然公有经济仍在国民经济中占据主导地位，但对劳动力的吸纳能力减弱，而非公有经济对劳动力的需求旺盛，就业比重迅速上升，特别是个体经济的发展能够吸纳大量的劳动力。而目前人们的就业观念、职业培训模式、社会保障措施、创业政策等均不能很好地适应多种经济形式发展和就业形势的需要。

三、发展多种所有制经济，千方百计扩大就业

非公有制经济在我国经济发展中起着重要的作用。

近年来，非公有制经济的增加值已占到GDP的1/3，成为支持国民经济高速增长的强大动力；非公有制经济的投资额占到社会总投资的1/3，非公有制经济的存在形成了多元竞争主体的格局；非公有制经济的发展促进了一批新兴产业的出现，拓宽了就业渠道。因此，1997年党的十五大提出非公有制经济是社会主义市场经济的重要组成部分，要与公有制经济一起共同发展。在科技水平不断提高、市场经济改革方向已经确定、国有经济进行战略性调整的现实条件下，我国要想缓解就业压力，必须大力发展包括非公有制经济在内的多种所有制经济，扩大就业。

1. 国家的政策鼓励发展多种所有制经济来缓解就业压力。近几年，中央对就业和再就业高度重视，国务院每年都召开全国性工作会议，对就业再就业进行部署。2005年11月4日国务院又下发了《关于进一步加强就业再就业工作的通知》。《通知》中的主要措施可以概括为六条：一是促进经济增长，扩大就业；二是在推进第三产业和多种所有制经济中广开就业门路；三是注重发展具有比较优势的劳动密集型行业和中小企业；四是推进跨地区的劳务协作和对外劳务输出；五是鼓励劳动者通过多种形式实现就业；六是组织农村劳动力有序向城市流动。在六条措施中，第二、第三、五条都与发展多种所有制经济直接或间接有关。

2. 非公有制经济已成为吸纳新增就业人员的主渠

道。2005 年 12 月 7 日国家统计局发布了全国第一次经济普查公报。与 2001 年相关数据比较，在基本经济单位数量方面，国有企业、国有独资企业下降 48.2%，集体企业、股份合作企业下降 46.9%，私营企业增长 49.7%，港澳台和外资企业增长 9.6%。2004 年 12 月 31 日，在全国企业法人单位中，国有企业占 5.5%，集体企业占 10.5%，私营企业占 61%，港澳台和外资企业占 4.7%。因此，从所有制方面来看，国有经济仍是国民经济的主导力量，但非公有制经济已成为吸纳新增就业人员的主渠道。

3. 营造良好环境，进一步扩大非公有制经济单位就业规模。一是思想上要转变观念，树立起与发展社会主义市场经济相一致的观念，树立起非公有制经济是社会主义市场经济重要组成部分的观念，改变“个体不如集体、集体不如全民”的传统就业观念。二是要降低市场准入的门槛，完善相关法规，制定相应的优惠政策，鼓励劳动者自谋职业，形成自我创业的氛围。三是要加强劳动就业的监督和管理，依法维护劳动者的合法权益，依法维护良好的就业市场秩序，加大宏观调控对劳动就业的监管力度，为营造“就业是民生之本”创造良好的环境。

[原载《生产力研究》2008 年第 19 期]

从新的角度认识劳动力商品问题

最近几年，我国经济理论界对社会主义市场经济中的劳动力是否为商品的问题进行了深入而热烈的讨论，提出了许多较有见地的观点。笔者认为，要想搞清楚社会主义市场经济中劳动力商品问题，必须运用正确的方法和依据中国的现实情况进行分析。本文试图从一般与特殊的角度来研究劳动力商品问题，以此作为引玉之砖。

一、劳动力商品一般与劳动力商品特殊

马克思主义认识论认为，一般与个别是事物之间存在的共性与特性的关系，事物之间因有共性而相互联系，因有特性而相互区别，共性寓于特性之中，并通过特性表现出来。根据认识论这一原理，我们在研究商品时，把商品区分为商品一般与商品特殊，把商品特殊区分为资本主义商品和社会主义商品；在研究商品经济时，把商品经济区分为商品经济一般与商品经济特殊，从而有了资本主义商品经济和社会主义商品经济两种不同的具体形式；在研究劳动力商品问题时，我们也应该把劳动力商品区分为劳动力商品一般与劳动力商品特殊。

劳动力商品一般是对不同市场经济中各种劳动力商品具体形式的理论概括，反映的是不同形式劳动力商品的共性，在现实社会中并不独立存在，只有通过劳动力商品特殊的不同形式才能表现出来。劳动力商品特殊是指不同市场经济中存在的劳动力商品的具体形式，反映的是不同形式劳动力商品所具有的特性。劳动力商品特殊有两种不同的形式，即资本主义市场经济中的劳动力商品和社会主义市场经济中的劳动力商品。两种不同形式的劳动力商品因有劳动力商品一般的共性而相互联

系，成为同一经济范畴，同时，两者因各自具有不同的特性而相互区别，成为不同形式的劳动力商品。

马克思在研究劳动力商品问题时，由于当时的条件是资本主义商品经济迅速发展，社会主义的实践还没有开始，因此，马克思在揭示资本主义生产的本质时，对资本主义社会中的劳动力商品进行了深刻的分析，而对未来的社会主义只是一般地提到，并没有对未来社会的发展情况作肯定性的结论。比如马克思就说过："我们不想教条式地预料未来，而只是希望在批判旧世界中发现新世界。……如果我们的任务不是推断未来和宣布一些适合将来任何时候的一劳永逸的决定，那么我们便会更明确地知道，我们现在应该做些什么，我指的就是要对现存的一切进行无情的批判"[①]。所以，我们认为马克思在研究劳动力商品时，只是研究了劳动力商品特殊中的一种形式即资本主义市场经济中的劳动力商品，而没有分析劳动力商品特殊的另一种形式即社会主义市场经济中的劳动力商品。马克思在研究资本主义社会中的劳动力商品时，虽然揭示了劳动力商品的一些共同特征，但没有概括出劳动力商品一般的共同规定，这是历史条件的限制，我们不应求全责备。

我们在研究劳动力商品问题时，不仅要区分劳动力商品一般与劳动力商品特殊，而且要区分劳动力商品特

① 《马克思恩格斯全集》第1卷，人民出版社1961年版，第416页。

殊中两种不同的具体形式，既要看到两种不同具体形式的联系和共性，又要看到两者之间的区别和特性。只看到一个方面，或者把两者完全等同起来，或者把两者完全对立起来，都是不全面的。

二、劳动力商品一般的共性

劳动力商品一般的共性是不同社会中劳动力商品所具有的共同要求，是从劳动力商品特殊的不同形式中概括出来的，是一个简单和抽象的规定，这个规定在劳动力商品特殊中转化为复杂和具体的规定。下面从条件、内容和属性三个方面来分析劳动力商品一般具有的共性。

（一）劳动力成为商品的一般条件

劳动力商品是一个历史范畴，劳动力要成为商品，需要具备一定的条件，这些条件是客观的，就像社会分工是商品经济存在的一个客观条件一样，不管是什么社会，只要存在商品经济，就必须具备这个条件。但在研究劳动力成为商品的条件时，有人认为，在资本主义社会，劳动力成为商品需要具备两个条件：一是劳动者有人身自由，二是劳动者一无所有。在社会主义社会，劳动力成为商品需要三个条件：一是市场经济，二是劳动力个人所有，三是劳动者对生产资料占有形式的二重性[①]。还有人认为，除了劳动者有人身自由这个共同条件外，另一个条件是：在资本主义社会，劳动者失去了赖以生存的生产资料；在社会主义社会，劳动仍是谋生的手段[②]。不管这些分析如何深刻，首先使人感到的是劳动力成为商品的条件在不同的社会可以随意增减，或者可以随意改变，这种分析方法使人难以信服。

在研究劳动力成为商品的条件时，把不同社会中劳动力成为商品需要具备的条件的特定内容抽象掉，便可以概括出劳动力成为商品需要具备的一般条件。不管是什么社会，劳动力要成为商品，首先要符合一般条件的要求。劳动力成为商品的一般条件包括三个方面：

1. 市场成为调节社会经济运行的主要方式是劳动力成为商品的宏观条件。在某一社会中，只要市场成为社会资源的主要配置方式，作为生产要素之一的劳动力就有必要转化为商品。只有劳动力成为商品，才能建立完善的市场体系，市场经济才能正常运行。马克思在分析资本主义社会中劳动力成为商品的条件时没有直接谈到这个问题，但马克思对资本主义社会一切经济活动的分析都是在商品生产和商品交换这个基础上进行的。马

---

① 鲁月桥、黄银乔：“劳动力是商品，劳动者是主人”，《社会主义研究》1995 年第 2 期。

② 贺志亮：“按劳分配、劳动力商品探析”，《市场与发展》1995 年第 1 期。

克思在《资本论》中就明确指出："资本主义生产方式一开始就有两个特征。第一，它生产的产品是商品。"[①]"资本主义生产方式占统治地位的社会财富，表现为'庞大的商品堆积'"。[②] 因此，把市场经济当作劳动力成为商品的一个条件，完全符合马克思的原意。

2. 劳动者具有人身自由是劳动力成为商品的微观条件。劳动者要想在市场上自由地支配自己的劳动力，必须有人身自由，必须是自身劳动力的所有者，这样，劳动者才能把劳动力的使用权让渡出去。马克思在分析劳动力成为商品的条件时明确指出："工人是自由人，能够把自己的劳动力当作自己的商品来支配。"[③]"劳动力所有者要把劳动力当作商品出卖，他就必须能够支配它，从而必须是自己的劳动能力、自己人身自由的所有者"[④]。

3. 劳动者不直接占有生产资料是劳动力成为商品的必要条件。劳动者和生产资料是生产的基本要素，只有两者相结合，才能进行生产劳动。在劳动者直接占有生产资料的情况下，劳动者可以直接与生产资料结合进行生产劳动。在劳动者与生产资料相互分离的情况下，必须找到一种途径使两者结合起来，在物质利益仍然存

① 马克思著：《资本论》第3卷，人民出版社1975年版，第994页。
② 马克思著：《资本论》第1卷，人民出版社1975年版，第47页。
③ 马克思著：《资本论》第1卷，人民出版社1975年版，第192页。
④ 马克思著：《资本论》第1卷，人民出版社1975年版，第190页。

在的条件下，为了维护劳动者自身的利益和不损害他人的利益，劳动者必须以等价交换的形式让渡劳动力的使用权，而要实现等价交换，必须遵循商品经济中价值规律的要求，劳动力必须采取商品的形式进行交换。马克思在论述劳动力成为商品的条件时，指出：劳动者“没有别的商品可以出卖，自由得一无所有，没有任何实现自己的劳动力所必需的东西。”[①] 即劳动者失去了赖以生存的生产资料是劳动力成为商品的一个条件，这只是资本主义社会中劳动者不直接占有生产资料的内在根源，劳动者不直接占有生产资料是其结果。因此，把劳动力不直接占有生产资料当作劳动力成为商品的一个条件，与马克思所指出的条件并不矛盾，它们是从不同的层次和角度说明了同一问题。

在一个社会中，只有同时具备了上述三个条件，劳动力才能成为商品。在我国经济体制改革以前，虽然劳动者有一定的人身自由，劳动者也不直接占有公有的生产资料，但劳动力不是商品，因为当时经济运行的方式是高度集中的计划经济。在这种体制下，劳动力的流动是由国家计划控制的，社会资源（包括劳动力在内）是由计划来配置的，因此，绝大多数的生产资料都不作为商品流动，更不用说劳动力作为商品来流动了。随着经济改革的进行，高度集中的计划经济正在逐步被市场

① 马克思著：《资本论》第1卷，人民出版社1975年版，第192页。

经济所取代，市场经济的特点之一就是社会资源由市场来配置，而劳动力作为生产要素，如不成为商品，不能自由流动，市场配置就是一句空话。所以，在我国市场经济条件下，劳动力成为商品的三个条件已经具备。

（二）劳动力商品的一般内容

无论何种商品，都具有价值和使用价值，劳动力商品也不例外。但劳动力商品的二因素与其他商品相比具有明显不同的特点，马克思在分析劳动力商品问题时对此进行了详细的论述。就价值来说，一般商品的价值是由生产该商品的社会必要劳动时间决定的，而“劳动力的价值，是由生产、发展、维持和延续劳动力所必需的生活资料的价值来决定的。”[①] 劳动力商品的价值是劳动者在市场上转让劳动力使用权的基础。就使用价值来说，一般商品的使用价值在消费过程中逐步消失掉，或者转移到其他商品中去，而劳动力商品的使用价值就是劳动，这种劳动能够创造出大于劳动力商品自身价值的新价值。因此，马克思指出：“具有决定意义的，是这个商品独特的使用价值，即它是价值的源泉，并且是大于它自身的价值的源泉。”[②] 正因如此，企业才能盈

① 《马克思恩格斯选集》第二卷，人民出版社 1972 年版，第 181 页。
② 马克思著：《资本论》第 1 卷，人民出版社 1975 年版，第 219 页。

利，扩大再生产才能进行。上述两个方面是劳动力商品所具有的一般内容。

（三）劳动力商品的一般属性

马克思在研究商品时，从使用价值和价值两个方面分析了商品的自然属性和社会属性，劳动力商品也应该包括这两个方面的属性，但反映的关系与一般商品又有所不同。

劳动力商品的自然属性与社会资源的配置方式相联系，它只是表明劳动力作为生产过程中一个不可缺少的生产要素，在社会各个部门之间的配置是由市场机制进行的，劳动力的配置受到价值规律的影响，具体表现是：当某种劳动力的供给与社会需求一致时，劳动者得到的收入与劳动力的价值相等，这只是一种偶然情况；当某种劳动力在市场上供大于求时，该种劳动力获得的收入就低于劳动力自身的价值；当某种劳动力在市场上供小于求时，该种劳动力获得的收入就会高于自身的价值。这表明价值规律的作用使劳动者在市场上获得的收入随劳动力的供求状况围绕劳动力的价值上下波动，这种波动能够起到合理配置劳动力资源、不断提高劳动力素质和调整劳动力结构的作用。

劳动力商品的社会属性与社会制度密切相关，表明了人与人之间的相互关系，社会制度不同，人与人之间的关系也不同。研究不同社会制度中劳动力商品的不同社会属性是劳动力商品一般属性的具体化，属于劳动力商品特殊研究的范围。

三、不同社会中劳动力商品的特性

由于生产资料所有制不同，资本主义社会和社会主义社会中的劳动力商品，除了具有劳动力商品一般的共性外，还具有各自不同的特性。劳动力商品一般的共性通过这两种社会中的劳动力商品表现出来，从而完成了由简单到复杂、由抽象到具体的转变。

（一）劳动力成为商品的特定条件

在两种不同的社会中，劳动力成为商品的一般条件具有新的内涵。

1. 两种社会中经济运行的方式都是市场经济，资本主义市场经济建立在生产资料私有制基础上，社会主义市场经济建立在生产资料公有制基础上，尽管生产资料所有制的形式不同，但两者都是市场经济，这就为两种社会中的劳动力成为商品提供了必要的宏观条件。

2. 两种社会中的劳动者都具有人身自由，这就为劳动力成为商品提供了微观条件。在资本主义社会，劳动力的所有者可以在市场上自由地支配自己的劳动力，“劳动力所有者和货币所有者在市场上相遇，彼此作为身份平等的所有者发生关系”[①]。但进入生产领域后，“工人在资本家的监督下劳动，他的劳动属于资本家。”[②] 这说明劳动者的人身自由只表现在流通领域，它是一种表面的人身自由。在社会主义社会，劳动者不仅可以在市场上自由地选择自己的职业，在生产过程中，劳动者都是公有生产资料的所有者，劳动者同生产的组织者、指挥者只是分工的不同，彼此之间的政治和经济地位完全平等，因此，劳动者的人身自由是一种真正的人身自由。

3. 两种社会中的劳动者都不直接占有生产资料。在资本主义社会，生产资料归资本家个人所有，劳动者不仅不直接占有生产资料，而且不是生产资料的所有者，与生产资料发生了彻底的分离。社会主义实现了生产资料公有制，但并不是由每个劳动者直接占有公有的生产资料，而是采取了国家所有制的形式，国家把生产资料的使用权交给企业，企业是公有生产资料的具体占有者。因此，不管生产资料所有制是何种形式，两种社会中的劳动者都不直接占有生产资料，这就为劳动力成为商品提供了必要条件。

---

① 马克思著：《资本论》第1卷，人民出版社1975年版，第190页。

② 马克思著：《资本论》第1卷，人民出版社1975年版，第210页。

（二）劳动力商品的特定内容

在两种不同的社会中，劳动力商品都具有价值和使用价值，但具体内容有了一定的变化。

1. 两种社会中劳动力商品的价值都是由维持劳动力生存所必需的生活资料的价值决定的。但在资本主义社会，资本家的生产目的是尽可能多地获取剩余价值，为了达到这一目的，资本家总是企图把劳动力的价值限定在最低的范围内，甚至“工资被压低到劳动力的价值以下”[①]，这就使劳动者的生活水平不能随生产的发展而得到及时和应有的提高。在社会主义社会，生产的目的是不断提高人民的物质文化生活水平，劳动者的工资收入不是限定于劳动力的价值，还与劳动者的劳动贡献密切相关，劳动者的个人消费“扩大到一方面为社会现有的生产力所许可，另一方面为个性的充分发展所必要的消费的范围。”[②] 这就使劳动者的生活水平随生产的发展不断提高。

2. 两种社会中劳动力商品的使用价值都是劳动，这种劳动创造的新价值大于劳动力商品的价值，但新价值的归属不同。在资本主义社会，新价值一分为三：一

---

① 马克思著：《资本论》第3卷，人民出版社1975年版，第262页。
② 马克思著：《资本论》第3卷，人民出版社1975年版，第990页。

部分是劳动力商品的价值，以工资的形式归劳动者所有；一部分以税收的形式上缴国家；另一部分被资本家个人占有，成为扩大生产、扩大剥削的手段。在社会主义社会，新价值也一分为三：第一部分是劳动者获得的工资收入，它不仅包括劳动力商品的价值，还与劳动者的劳动贡献相联系；第二部分以税收的形式上缴国家；第三部分以利润的形式归企业所有，用于企业的技术改造、扩大再生产、职工的福利等方面。

（三）劳动力商品的特定属性

两种社会中的劳动力商品都包括自然属性和社会属性两个方面，这是劳动力商品一般属性的共同要求。

就自然属性来说，两种社会中的劳动力商品都体现了劳动力资源与商品经济运行规律之间的关系，它只是说明了劳动力资源的配置方式是市场机制，这在两种社会中是完全相同的，没有什么区别，正如马克思在分析商品的自然属性时指出的那样：“物的有用性使物成为使用价值”[①]。“不论财富的社会形式如何，使用价值总是构成财富的物质内容。”[②]“我们从小麦的滋味中尝不出种植小麦的人是俄国的农奴，法国的小农，还是英国

① 马克思著：《资本论》第1卷，人民出版社1975年版，第48页。
② 马克思著：《资本论》第1卷，人民出版社1975年版，第48页。

的资本家。”①

就社会属性来说，两种社会中的劳动力商品体现了人与人之间不同的关系。在资本主义社会，由于生产资料私有制的存在，劳动者一无所有，只是在流通领域与资本家处于平等的地位，离开流通领域后，平等的地位完全消失，“原来的货币所有者成为资本家，昂首前行；劳动力所有者成了他的工人，尾随于后；一个笑容满面，雄心勃勃；一个战战兢兢，畏缩不前，像在市场上卖了自己的皮一样，只有一个前途——让人家来揉。”② 劳动者新创造价值的一部分被资本家无偿占有，体现了资本家对工人的剥削关系。在社会主义社会，虽然劳动力成为商品，但从整个社会来看，劳动者——即劳动力的载体仍是公有生产资料的所有者，谁都不能凭借生产资料所有权来剥削他人，劳动者之间的地位完全平等，这是由生产资料公有制和社会主义生产的性质决定的，因此，社会主义社会中的劳动力成为商品不会改变劳动者的主人地位，更不会改变生产资料公有制的性质。

由上述分析可以看出，社会主义社会和资本主义社会中的劳动力商品既有劳动力商品一般的共性，又有各自不同的特性，两者之间既有联系，又有区别。搞清楚

① 《马克思恩格斯全集》第13卷，人民出版社1961年版，第16页。
② 马克思著：《资本论》第1卷，人民出版社1975年版，第200页。

这个问题，对于正确认识社会主义社会中的劳动力商品，对于发展我国的市场经济，有着重要的理论意义和现实意义。

［原载《经济问题》1996年第8期，与佳明合作完成，中国人民大学复印报刊资料《社会主义经济理论与实践》1996年第11期全文转载］

关于“民工潮”的几个问题

一、近几年“民工潮”的特点

农村剩余劳动力外出打工，是改革初期出现的一种现象。当时，农村外出打工的人数较少，在社会上没有形成较大的声势，易于控制和管理。但近几年来，农村外出打工的人数迅速增多，各路民工大军汇集在一起，形成了一股规模庞大的“民工潮”，冲击着社会生活的各个方面，引起了社会的普遍关注。

与改革初期农村剩余劳动力外出打工的现象相比，近几年的“民工潮”具有一些新的特点：一是规模庞大。无论是人口多的省份还是人口少的地区，都出现了大批外出打工的农民队伍，民工人数猛增，仅1993年全国流动的民工人数就达到6000万人之多。二是领域扩大。“民工潮”的冲击面已从沿海经济发达地区扩展到内地城市，就连人口密度较大的北京城郊也出现了外来打工人员集中居住的“浙江村”、“河南村”等，外出民工从事的行业由单一化向多元化发展，主要包括建筑业、商业、服务业等。三是盲目流动人员增多。最初打工的农村剩余劳动力是在联系好工作的情况下才外出的，而现在，除了有明确去向的民工外，还出现了大量盲目流动、难以找到活干的民工，他们停留在车站码头，到处寻找工作，成了一股没有明确流向的潮水。四是外出打工的时间延长。最初外出打工的民工是农忙季节回乡务农，农闲时期外出干活，现在，虽然外出打工还带有季节性，但民工在外时间大大延长，一干就是几年，农忙时也很少回乡，过年过节在家居住的时间大大缩短，有些过年也不回家。

二、出现“民工潮”的必然性

我国农村外出打工的农民，从涓涓细流发展成为震动整个社会的“民工潮”，有着多方面的原因，主要包括下述五点：

1. 良好的宏观经济环境。随着我国经济体制改革的进行，僵化的经济体制逐步为新的经济体制所替代，劳动者有了择业的自由，生产经营单位有了用人方面的自主权，党的政策是鼓励劳动者劳动致富，这就为农村剩余劳动力外出打工提供了制度保证和政策依据，农民外出打工的宏观经济环境已经初步形成。

2. 过多的农村剩余劳动力。我国有 11 亿多人口，70% 以上是农村人口。随着农村联产承包责任制的实行，压抑多年的农村剩余劳动力被释放出来，乡镇企业的崛起和发展为农民开辟了新的就业途径，但我国目前仍有 1.5 亿的农村剩余劳动力需要就业。在农村经济没有充分发展起来的情况下，必然有一部分剩余劳动力流向城市寻找就业机会。

3. 工业化进程的必然结果。一方面，随着我国生产力的向前发展，工业化程度不断提高，农业生产中的手工劳动逐步为机械化生产所替代，农业生产需要的劳动力相对减少。另一方面，工业生产领域不断扩大，第二和第三产业的就业机会增多，必然吸引一部分农村剩余劳动力转移到非农领域，这符合工业化进程的客观要求，也符合市场经济发展的客观要求。

4. 过于偏低的农业生产收入。随着农村温饱问题的基本解决，我国的农民开始向小康目标前进。由于长期以来形成的工农业产品之间的价格“剪刀差”仍然存在，农民从事农业生产的收入过于偏低，而外出打工可以获得较多的收入，于是，在经济利益的驱动下，一部分农村劳动力开始离开土地，流入城内打工。

5. 片面的认识。在市场经济大潮的冲击下，一些农民不是立足于本地寻找致富之路，而是把眼睛盯在外边，片面地认为：要想富，必须外出找门路。似乎外出打工者才是英雄好汉，好像到了城里就可以把活找到，把钱挣到。加之最初率先外出打工的大部分农民都获得了较多的收入，这更加深了农民的片面认识。

在上述几方面的综合作用下，“民工潮”出现了，波及全国，而且一浪高过一浪。

三、对“民工潮”的认识

对于“民工潮”的出现，有赞成者，也有反对者。笔者认为，“民工潮”是一定客观经济条件的必然产物，它既有积极的一面，又有消极的一面，应该从两方面来认识。

就其积极作用来说：第一，缓解了农村的就业压力。如何实现农村剩余劳动力的转移，这是我国目前面临的一个重大问题，而外出打工为一部分农村剩余劳动力找到了谋生的手段，为转移农村剩余劳动力开辟了一条就业途径，这就在一定程度上缓解了农村沉重的就业压力。第二，发挥了农村闲置劳动力的作用。劳动力是一种宝贵的资源，农村大量剩余劳动力处于闲置状态，是人力资源的巨大浪费。而“民工潮”的出现使一部分剩余劳动力发挥出了自己的特长，有了用武之地，这就使闲置的劳动力资源运行起来，减少了浪费。第三，增加了农民的收入。外出打工的农民除了自己的生活费用以外，每年都可以节省下一笔可观的收入，这笔收入在农民的全部收入中占有相当大的比重，对于改善农民生活起到了重要作用。第四，加快了城市经济建设的步伐。在城市经济建设中，普遍存在着劳动力过剩和就业困难，但某些行业也会出现劳动力结构性短缺问题，“民工潮”填补了职位空缺，解决了短缺问题，为城市的经济发展提供了廉价的劳动力和必要的劳动积累。第五，增长了农民的见识。“民工潮”的出现使大量农民投入到了城市的经济建设之中，改变了过去农民一年四季与土地打交道、从不与外界接触的局面，使农民开阔了视野，增长了见识，积累了经济建设和经营管理方面的经验，有利于外出农民回乡后更好地发挥自己的作用，促进本地区经济的发展。

就其消极作用来说：第一，不利于农业生产长期稳定的发展。农业是国民经济的基础，只有农业发展了，国家才能稳定，经济才能腾飞。而在目前，我国农业生产出现了徘徊不前的局面，原因之一就是农民把致富的途径转移到了进城打工经商方面，于是，大部分青壮年农民流入城市，在家中务农的只是一些妇女、小孩和老人，这种状况难以使我国的农业生产快速发展。第二，不利于提高农民的素质。我国农业人口占全国人口的大多数，要想提高中华民族的人口素质，首先要提高农民的素质，而在“民工潮”的冲击下，一些没有接受完普通义务教育的青少年加入到了“民工潮”的行列，“民工潮”中大多数人从事的是苦、脏、累的工作，不需要什么技术，这就淡化了农民提高文化水平、钻研技术的意识，似乎有强壮的身体，就可以把钱挣到。当今世界经济发展的趋势是人的素质、科学技术越来越重要，而“民工潮”不利于提高农民的素质，难以适应社会经济发展的客观要求。第三，不利于社会的稳定和管理。在浩浩荡荡的“民工潮”中，有一部分民工外出后不能及时找到活干，大批人员停留在车站码头，或者到处流动，给社会治安工作增加了一定的难度。在“民工潮”中，有些人员常年在外，不利于计划生育工作的开展。特别是“民工潮”的规模大，人数多，盲目流动，使交通运输状况日趋紧张，在一定程度上影响了整个社会的正常运行秩序。

四、应该采取的对策

“民工潮”的出现有其积极的一面，也有其消极的影响，因此，对于“民工潮”既不能采取放任自流的态度，也不能严加禁止，只能从宏观方面加强管理和调控，进行必要的引导，发挥其积极作用，抑制其消极影响。

1. 增大对农业基础设施的投入。农业生产不仅要把粮食生产搞上去，更重要的是要完善农业生产的基础设施，这是农业生产持续发展的必要条件。因此，中央和地方要拿出一定数量的资金，用于农业生产基础设施方面的投入，大搞水电、农田、抗旱防涝等工程的建设。这有利于粮食生产的快速增长，也可以吸收大量农村剩余劳动力，使农民在“不离土、不离乡”的基础上大搞经济建设，增加个人收入。

2. 加快小城镇建设。我国农村地域广大，农村剩余劳动力多，这就决定了我国农村工业化的过程只能走小城镇发展的道路，不能照搬他国的模式。农村小城镇的出现和发展，不仅可以繁荣农村的工商业，使一个地区的经济活跃起来，而且可以吸收大量的农村剩余劳动力，在农民“离土、不离乡”的基础上实现农村劳动力向第二、第三产业的转移。在目前国家财力紧张的情况下，可以采取地方政府和农民自筹资金的方式，加快农村小城镇的发展。

3. 发挥劳动力市场的功能。劳动力市场不仅是调节城市劳动力就业的场所，而且是调节农村剩余劳动力流动和就业的场所，因此，在劳动力市场体系中，各地都要建立专门为农村剩余劳动力提供就业和服务的劳动力市场。通过这种劳动力市场的建立，可以为农民工的流向、就业、住宿等创造良好的条件，改变以往农民工无人问津的局面，充分发挥劳动力市场所具有的作用。

4. 进一步发挥乡镇企业吸收劳动力的作用。改革开放后，乡镇企业的发展吸收了大量农村劳动力就业，但在目前的情况下，国有企业的活力逐步发挥出来，乡镇企业的发展面临着挑战，对此，乡镇企业只有通过与实力较强的企业进行横向经济联合，不断扩大生产规模，才能增强竞争力，吸收更多的农村剩余劳动力。各地农村要根据市场的需求和本地的优势，采取多方筹集资金的方式，创办新的乡镇企业，吸收农村剩余劳动力。

5. 转变观念。为了使农民工的流向符合社会的需要，必须在观念上进行变革。一是转变只有外出打工才能致富的思想。我国的国情是人口多，城市就业也比较困难，因此，农民要立足于本地，因地制宜，寻找致富门路，不能把眼睛只盯在外边。二是转变出苦力就能挣到钱的思想。随着社会的发展和市场竞争的日趋激烈，知识和技术越来越重要，农民只有不断提高自身素质，才能在激烈的市场竞争中找到理想的职业，才能寻找到致富的途径。

［原载《生产力研究》1995 年第 2 期，与亢星华合作完成］

解决“在职失业”的几种途径

一、“在职失业”的原因及弊端

如果一个企业的职工人数超过了生产能力对它的需要，从表面上看这些职工都有工作岗位，但实际上有些人在工作岗位上无事可做，或只用一部分工作时间就可以完成工作任务，这种现象为“在职失业”，企业中的多余人员为“在职失业者”。“三个人的活五个人干，五小时的工作八小时算”，这就是“在职失业”在现实经济生活中的具体表现。据有关劳动部门估算，在我国全民所有制企业中，在职失业人员为 2000 多万人，在职失业率为10%～30%。

形成“在职失业”的主要原因是：第一，过去几十年我国人口增长速度过快，超过了生产发展对它的需要，过快的人口增长对社会形成了巨大的就业压力。第二，过去我国实行高度集中的劳动管理体制，劳动就业由国家统一安排，企业无用人自主权，劳动者一次就业定终身。两方面原因综合作用的结果，必然在企业中出现“在职失业”。

“在职失业”的存在有多种弊病：一是浪费了大量的人力资源；二是降低了企业的劳动生产率；三是使平均主义在企业中有了生存之地；四是造成了人浮于事、机构臃肿、纪律松散等不良现象。这些对企业的发展极为不利，必须加以解决。

二、解决“在职失业”的几种途径

要想解决企业中存在的“在职失业”问题，首先要消除形成“在职失业”的原因：一是要有效地控制人口增长速度，使之与生产的发展相适应；二是建立与我国社会主义市场经济体制相适应的劳动就业制度，开辟多种劳动就业渠道，引进竞争机制，实行企业用人和劳动者就业的双向选择。除此以外，还应采取多种途径解决企业中已经存在的“在职失业”问题。这些途径可以概括为以下几种：

（一）开辟新的生产领域

人类社会是不断向前发展的，随着生产力的发展，企业生产规模不断扩大，新兴产业不断出现，企业中的多余人员可以转移到新的生产领域，这不仅可以解决"在职失业"问题，还可以创造更多的就业机会，容纳社会上的待业者。因此，发展生产力不仅是我国社会主义初级阶段的根本任务，而且是解决"在职失业"的一条根本途径。但是，生产力的发展是一个客观的历史进程，它要以科学技术进步为前提，需要具备一定的条件，而这些不可能在短期内马上实现，所以，生产规模的扩大和新兴产业的出现不可能解决企业目前存在的"在职失业"问题，但不能因此放弃了这方面的努力。无论选择哪种途径解决"在职失业"，最终都离不开发展生产力这个根本的途径。目前，许多企业兴办劳动服务公司，让企业中的多余人员从事第三产业的活动，这在某种程度上缓解了"在职失业"问题。但第三产业的发展要以物质生产的发展为基础，以社会的需要为前提，否则，它就不会达到预期的效果，只是把多余人员从企业中搬到了其他部门。

（二）疏通劳动力流动的渠道

建立劳务市场不仅适应了发展社会主义商品经济的客观要求，而且可以使企业中的多余人员在地区之间、部门之间、企业之间进行合理的流动。通过劳动力的合理流动，企业之间互调余缺，一些人找到新的工作岗位，消除“在职失业”与职位空缺同时并存的状况，使人尽其才，物尽其用。但劳动力的合理流动只能解决少数“在职失业者”重新就业的问题，这是因为：如果是少数企业存在“在职失业”，通过开放劳务市场，解决“在职失业”问题，而现在是大多数企业已处于饱和状态，即使是缺少人员，一般也都是有技术或有专长的劳动者，而“在职失业者”大多数为非技术人员，素质较低，一般不易为企业所接收。所以，建立和疏通劳务市场，让劳动者进行合理的流动，只是解决“在职失业”的一种次要形式。

（三）劳动者自谋职业

随着我国经济模式的转轨，企业成为相对独立的商品生产者，拥有用人方面的自主权。企业可以根据自己的实际情况，对现有人员实行优化劳动组合，裁减企业中的多余人员，让其自谋职业，从事个体经济活动。这不仅解决了企业中的“在职失业”，而且使劳动者找到了谋生的手段，为自己和国家创造了一定的收入。但在我国现阶段，通过这种途径解决“在职失业”是否可以普遍推行？

1. 企业优化掉多余人员后，社会上会存在大量的失业者。这是因为：从事个体经济需要有一定的条件，如一定数量的资金、特长、冒险精神等，而这些不是每个劳动者都具备的。就是具备了条件，还有一个愿不愿干的问题，因为“个体不如集体、集体不如全民”的偏见仍然存在。所以，优化掉的多余人员中只有一小部分可能从事个体经济活动，大部分会处于失业状态，这些新失业的人员和原有的待业人员汇集在一起，就会形成一支较大的失业队伍，待业率就会高达两位数字。由于产业结构不断变化、技术构成不断提高、劳动力不断流动，不论社会形态如何不同，都会存在一定的失业人员。因此，社会主义不能绝对消灭失业，但它有一定的限度。第二次世界大战以后，美国的最高失业率只是刚刚达到两位数字，而在实现了生产资料公有制的社会主义国家，失业率却高达两位数字，这是社会主义制度所不许可的。

2. 对大量失业者长期进行社会救济，是国家财力承担不起的。企业上缴规定的税利后，是以自己的成本费用支付劳动者工资的，如果多余人员存在企业中，他们则同其他劳动者一起分享企业的劳动成果；如果多余人员成为失业者，则由国家进行救济。多余人员的收入来源有了变化，而国家对企业的税收是根据有关法律征收的，不能随意改变。这样，在国家财力没有提高的情况下对大量失业者进行社会救济，势必加重国家的财政负担，是当前国家财力所承担不起的。

3. 对失业者长期进行社会救济会产生一定的负效应。现在我国的社会保障制度还不健全，不可能对大量失业者进行社会救济。就是社会保障制度健全了，对失业者长期进行社会救济也会产生一定的负效应，即得到社会救济的失业者容易产生一定的依赖思想，就是工作不如意，也不愿去干；而对于在职劳动者来说，对失业者的长期社会救济也会影响到他们的劳动积极性。

由上述分析可以看出，采取第三种途径解决“在职失业”，虽然可以提高企业的效益，但会带来一定的社会负效应，因此，通过裁减多余人员解决“在职失业”不宜普遍实行，它只对少数企业和部分多余人员适用，是解决“在职失业”的一种补充形式。

（四）缩短工作日

现代工业的技术基础是革命的，随着劳动生产率的提高，人们可以用较少的时间生产较多的产品，从而为缩短工作日提供了客观的物质基础。马克思曾指出：“劳动生产力越是增长，工作日就越能缩短”[①]，这是生

① 马克思著：《资本论》第1卷，人民出版社1975年版，第578页。

产力发展的必然结果。而能否缩短工作日，则与社会制度有很大的关系。资本主义的生产目的决定了资本家不会自觉地缩短工作日，只有在工人阶级的强烈要求和反抗下，资本家才许可把加在工人身上的锁链放松一点。“只有消灭资本主义生产方式，才允许把工作日限制在必要劳动上。”[①] 只有社会主义才会根据劳动生产率提高的速度，自觉地缩短工作日。

除了上述一般意义上的缩短工作日，在企业存在一定多余人员的情况下，即使劳动生产率没有提高到足以缩短工作日的程度，通过劳动人员在劳动时间上的重新组合，也可以适当地缩短工作日。其原则是：工作日内实际发挥作用的劳动时间不能减少，只是把劳动者名义上在工作、实际上无事可做的时间从工作日中减去，变劳动者工作日内的自由时间为真正的自由时间。由于实际发挥作用的劳动时间没有减少，缩短工作日后不会影响企业的生产和劳动者的收入。例如，在存在一定多余人员的情况下，实行八小时工作日制度的企业，可以改为每日六小时或每周40小时工作日制度；实行24小时三班倒的企业，可以改为24小时四班倒。缩短工作日后，通过劳动时间的重新组合，可以消除“一些人忙得团团转、一些人闲着没事干”的现象，使每个劳动者都有工作可做，但工作的时间比以前有所减少。

---

① 马克思著：《资本论》第1卷，人民出版社1975年版，第578页。

三、通过缩短工作日解决“在职失业”的可行性

通过缩短工作日解决“在职失业”，符合生产力发展的客观要求。第一，随着生产技术的提高，同等数量的生产资料需要较少的人员与之结合，企业中的“在职失业者”会越来越多，这就为劳动者在劳动时间上的重新组合、适当地缩短工作日提供了必要的条件。第二，一些旧的产业逐渐消失，一些新的产业不断兴起，它要求劳动者经常变换自己的职业。劳动者变换自己的职业，需要获得新的生产技术和文化知识；而工作日缩短以后，企业或社会可以利用一部分业余时间对劳动者进行技术培训和文化教育，从而使劳动者适应社会分工的飞快发展。第三，工作日的缩短可以改变劳动者的休息时间为家务劳动时间的状况，使劳动者利用一部分增加了的业余时间钻研技术、学习文化、恢复精力，从而有利于劳动者的素质和生产效率的提高。第四，工作日的缩短或在同一工作面上劳动人员的减少，有利于节约一定的生产管理费用和其他项目的开支。

通过缩短工作日解决“在职失业”，还符合社会主义的本质要求。第一，它不会产生大量的失业者，使广大劳动者能够与公有的生产资料相结合进行生产劳动，使生产

资料公有制得到实现。第二，劳动者有了谋生的手段，可以勤劳致富，从而使社会主义的生产目的得到了较好的实现。第三，它可以创造一些新的就业机会，使劳动在社会成员中普遍化，从而为实现按劳分配提供了更好的条件。第四，它可以使劳动者有更多的自由时间丰富业余文化生活，从而为劳动者全面而自由的发展提供了必要的条件。

现在世界上一些比较发达的资本主义国家都实行了每周40小时工作日制，还有一些国家如前苏联、前南斯拉夫等也实行了较短的工作日制。目前，我国仍处于社会主义初级阶段，需要大力发展生产力，目前的社会经济实力还不许可普遍地缩短工作日，但我国的特点是劳动力资源丰富，人口众多，企业中存在着大量的多余人员，在这种条件下，企业完全可以根据自己的情况适当地缩短工作日。伴随着“在职失业”的低效率以及工作日几十年一贯制并不是社会主义的本质要求，它不利于发展社会主义商品经济，与企业商品生产者的地位相互矛盾，必须加以解决。根据国家科委中国科技发展研究中心的调查和分析，我国工业企业的工时潜力很大，有效工时仅占制度工时的40%～60%，实际工时也仅占制度工时的84.7%，平均每周每人投入的实际工时为40.64小时，目前我国已具备缩短工时和实行5天工作制的现实条件[①]。

① 参阅《经济参考报》1988年3月11日。

由上述分析可以看出，通过缩短工作日解决“在职失业”符合生产力发展的客观趋势，符合社会主义的本质要求和我国的国情，而且已经具备了实现的条件，因此，它把几者有机地统一起来，是当前解决“在职失业”的主要途径。各企业应根据自己生产经营的特点和多余人员的实际情况，采取灵活多样的办法缩短工作日，解决“在职失业”问题。

四、结　论

通过对几种途径的分析和比较，可得出下述结论：发展生产力、开辟新的生产领域是解决“在职失业”的根本所在，但它不能立即见效。让劳动者在企业之间进行合理的流动，优化掉的劳动者自谋职业，是解决“在职失业”的次要和补充形式，它们只对少数企业和少数多余人员适用。通过劳动时间的重新组合缩短工作日，是解决“在职失业”的主要形式，只要企业具备条件，就应当实行。

［原载《山西大学师范学院学报》（现改为《太原师范学院学报（哲学社会科学版）》）1992 年第 2 期］

中外合作办学毕业生就业问题初探

中外合作办学是近年来我国教育领域出现的新生事物。由于多数中外合作办学的院校成立时间比较短，规模比较小，最近几年才有毕业生，因此，中外合作办学毕业生的就业问题还没有引起社会各方面的高度重视。随着中外合作办学院校的增设和毕业生的增多，中外合作办学毕业生的就业问题将显现出来，应引起我们的高度重视。

一、中外合作办学的基本情况

中外合作办学是我国改革开放后教育领域出现的新生事物，是一种新的办学体制。它始于20世纪80年代，现已成为我国教育领域国际合作与交流的重要形式之一，与公立学校、民办学校共同构成了我国教育事业的新格局。中外合作办学有机构和项目两种形式，目前我国中外合作办学机构的数量较少，项目数量较多。我国对中外合作办学实行“扩大开放、规范办学、依法管理、促进发展”的方针，鼓励引进外国优质教育资源的中外合作办学。

《中华人民共和国中外合作办学条例》自2003年9月实施以来，中外合作办学走上了规范化管理、法制化运行的发展轨道，申报成立中外合作办学机构和合作办学项目的数量逐步增多。截至2008年年底，全国共有本科层次中外合作办学机构和项目331个（不包括内地与港澳台地区的合作办学），专科层次的中外合作办学机构和项目更多，覆盖全国大多数的省、自治区和直辖市。其中，黑龙江、上海、北京、山东、江苏等沿海和经济发达省份合作办学机构和项目较多，西部地区较少，个别省区本科层次的中外合作办学仍是空白。

二、中外合作办学毕业生就业的基本情况

进入21世纪后，我国高校毕业生数量逐年增加，但高校毕业生就业率基本保持在70%以上的水平，就业率高的学校可以达到80%甚至90%以上。2008年高校毕业生559万人，我国宏观就业形势严峻、经济运行不确定、不稳定因素增多，部分地区遭受重大自然灾害。但经过全社会各方面的共同努力，高校毕业生就业工作克服了各种不利因素和影响，实现了毕业生就业水平稳中有升和就业人数较大幅度的增长。

从中外合作办学毕业生的就业情况来看，近几年的就业率基本保持在80%左右，就业情况略好于全国普通高校。如河南省教育厅2006年的统计数据显示，郑州大学西亚斯国际学院本科和专科毕业生的就业率分别为98.87%和99.20%，就业率名列全省前茅，2007年该院本科和专科就业率仍然位居全省前列[①]；2002年7月成立的河北科技师范学院欧美学院，毕业生一次就业率始终保持在90%以上[②]；2002年开始招生的山西财经大学中德学院，第一届毕业生质量高，实现就业率

① 参阅郑州大学西亚斯国际学院网页 www. sias. edu. cn。
② 参阅河北科技师范学院欧美学院网页 www. omxy. com。

95%[1]。太原理工大学中澳合作办学项目坚持“出国、升学、就业三条出路并举”的培养思路，办学效果显著，2008年7月首届专科学生顺利毕业，仅出国深造学习的学生就占到毕业生总数的50%[2]。一些中外合作办学院校在学院简介或招生宣传咨询资料中都写到，由于“毕业生既掌握一门专业知识，又有英语专长，他们就业优势明显，不愁找不到工作”[3]，或称“毕业生就业形势好，就业质量高”[4]。

三、中外合作办学毕业生就业的主要特点

除了与普通高校毕业生就业有共性以外，中外合作办学毕业生就业方面还显现出自己的一些特点。

1. 在涉外企业就业的毕业生较多。由于中外合作办学是中外双方教师共同完成教学任务，一些课程由外籍教师讲授，还有一些课程是用中英文双语完成讲授的，教学中还引进了少数外文原版教材，这些对于提高学生的外语水平有一定的作用。因此，从整体情况看，

---

① 参阅山西招生考试中心网页 www. sxkszx. cn。

② 参阅太原理工大学网页 www. tyut. edu. cn/gjjlxy/2008 年 7 月 4 日“太原理工大学中澳合作办学首届专科学生顺利毕业”。

③ 参阅江南大学莱姆顿学院网页 www. syulmd. com。

④ 参阅吉林大学莱姆顿学院网页 www. julc. cn。

中外合作办学毕业生外语水平较高，在外资企业或外贸企业比较受欢迎，在高投入（学生的高学费）与高回报（前几年涉外企业工资收入较高）一致原则的影响下，到涉外企业就业必然成为中外合作办学部分毕业生的首选。

2. 国外就业成为毕业生就业的一个途径。我们鼓励中外合作办学机构或项目的学生毕业后用自己所学的知识技能报效祖国，在国内就业。但由于国内就业压力越来越大，毕业后找工作有一定困难，而中外合作办学学生大部分可以拿到国外合作院校的学分，有一部分学生要到国外完成学习任务，毕业后在国外就业必然成为部分毕业生的选择。因此，国外就业已成为中外合作办学毕业生就业的一个途径，成为吸引学生报考中外合作办学的一个亮点。

3. 在各级政府部门就业的比较少。近几年我国各级政府机关招聘人员都是通过公开考试聘用的，而中外合作办学毕业生由于学习实用技术专业的比较多，用于学习外语的时间比较多，在公开招聘公务员的考试中不占有优势，因此，报名参加公务员考试的毕业生比较少，能够通过考试被录取的更少。

四、中外合作办学毕业生就业方面存在的主要问题

1. 重视程度不够。目前高校毕业生就业越来越困

难，各级政府和各个学校都高度重视毕业生的就业工作，并采取一定措施为毕业生提供有关就业信息，组织相关活动开通就业渠道，做好服务工作。而中外合作办学机构和项目，由于学生人数较少，部分学生要出国深造，多数合作办学机构和项目只是最近几年才有毕业生。因此，从横向比较来看，中外合作办学毕业生就业的压力还没有完全显现出来，许多机构和项目对毕业生就业工作还没有高度重视，很少单独组织就业招聘会等活动，大部分是参与校本部组织的一些相关活动。

2. 过分强调出国深造和国外就业。中外合作办学开通了学生到国外合作院校学习深造的大门，也为毕业生提供了国外就业的机会，因此，一些学生到国外学习和就业很正常。但中方院校在办学过程中过分强调国外学习和就业的机会，在招生宣传中把国外就业作为吸引学生的一个重点和亮点，甚至有夸大的现象或倾向。

3. 社会上对中外合作办学毕业生仍有一定的偏见。由于中外合作办学是近几年出现的新生事物，生源质量与普通高校相比有一定差距，办学过程中外聘教师比较多，教师稳定性比较差，中外双方办学过程中还有一些摩擦，教学质量还不稳定。因此，社会上对中外合作办学的认可度还需提高，一些用人单位甚至存在中外合作办学毕业生不如普通高校毕业生的偏见。

五、进一步做好中外合作办学毕业生的就业工作

1. 应高度重视就业工作。学校毕业生的就业状况如何，不仅关系到学生个人的前途，还关系到学校的可持续发展，只有做好毕业生的就业工作，一个学校才能步入良性发展的轨道。因此，中外合作办学机构和项目的领导要保持清醒的头脑，认识到毕业生就业工作的重要性和严峻性，把就业工作放在与招生工作同等重要的位置，责成专人负责此项工作，努力提高毕业生的就业率，为中外合作办学的长远发展奠定良好的基础。

2. 要正确处理国外就业与国内就业的关系。我国举办中外合作办学的目的是为我国社会主义建设事业培养人才，而不是向国外输送人才。因此，在国内就业压力比较大的情况下，我们不反对少数毕业生到国外深造学习和在国外就业，但不能把国外就业作为毕业生的一个主要去向和方向，而且我们应当鼓励毕业生国外就业工作几年后，积累了一定经验，回国创业，施展自己的才能，报效祖国。

3. 采取有效措施开通毕业生就业渠道，做好毕业生就业的组织工作。一是保证教学质量，注重提高学生的实际应用能力，努力满足社会的需要。二是做好组织

工作，通过“走出去、请进来”等活动，扩大毕业生就业的渠道，为毕业生提供优质的服务。三是为毕业生就业提供必要的就业培训，加强毕业生的就业指导，引导毕业生到急需人才的地区、行业和单位就业。

4. 加大宣传力度，为中外合作办学毕业生就业创造良好的社会环境。中外合作办学把国内院校和国外院校多年积累的名牌效应嫁接起来，可以吸收社会上优秀的教师授课，办学有一定的优势。因此，中外合作办学要加大社会宣传的力度，让社会了解中外合作办学，了解中外合作办学的特点、教学质量和毕业生的情况，在社会上逐步树立起良好的办学形象，为毕业生就业营造有利的社会环境。

［本文为作者主持完成的山西省教育科学“十一五”规划课题重点项目“山西省中外合作办学发展状况研究”的部分研究成果。原载《太原师范学院学报（社科版）》2009年第4期，与丁西霞合作完成］

也谈个体经济存在的客观基础

一、不同行业不同的生产经营特点是个体经济存在的客观基础

现阶段我国社会生产力发展水平比较低，而且在部门和行业之间分布很不平衡，这种多层次的生产力发展水平使所有制结构同时呈现出多层次性和多样性。不仅有适应于生产技术水平和社会化程度比较高的全民企业和集体企业，而且还有适应于手工劳动的个体经济和私营企业。为此，有些同志认为生产发展水平低是个体经济存在的直接原因。这种认为由生产

力发展水平决定所有制形式的观点是应当肯定的。但是，生产力发展水平是一切社会经济现象的终极原因，而不是直接原因。所以，不能简单地把生产力发展水平低与个体经济的存在直接联系起来。

在一些发达资本主义国家，生产力水平已经达到了很高的程度，但仍然存在着一定数量的个体经济。比如，在美国现有的大约 1290 多万家企业中，只雇佣一个或几个工人的企业就有 550 万家左右；出售食品的“夫妻店”有 20 多万个，占该行业市场的 40% 左右。在日本，116 万多家零售商业中，从业人员只有 1 ~ 2 人的商店占 86% 左右。在其他一些比较发达的社会主义国家中也存在着一定数量的个体经济。比如在南斯拉夫的农业中，个体经济占 65%，罗马尼亚占 20% 左右。由此可见，个体经济的存在除了生产力发展水平这个终极原因以外，还有其他不容忽视的客观基础。

所有制形式最终是由生产力发展水平所决定的，但是它们之间的联系并不是机械的、直接的，而是要通过一个中间环节做媒介。这个中间环节就是在生产经营过程中把劳动者和生产资料结合起来的生产方式。生产方式的类型首先取决于既有的生产力发展水平。有什么样的生产力，就有什么样的与其相适应的生产方式。在封建社会中，由于劳动者的生产技术水平比较低，生产工具简陋，这种落后的生产力水平决定了它只能采取个体劳动者和少量的劳动资料相结合的生产方式。到了资本主义社会，生产力迅速发展，不仅提高了劳动者的素质和技术水平，而且出现了大型的机器设备，这就要求劳动者组织起来，在分工、协作的基础上同生产资料相结合。小规模的个体生产方式由社会化的生产方式取而代之，是生产力发展的必然。除此之外，生产方式还要受到社会生产诸要素如行业特点、技术分工、地理环境等条件的制约。由于各个行业生产或经营不同的产品，因而在生产方法和生产规模上都会有所不同，这就要求劳动者和生产资料相结合的生产方式也必须采取不同的形式。这些形式可分为以下三种：

第一种情形，铁路、航空、邮电、大型机械制造等行业，在生产经营过程中一般都要求具备一定的生产规模，只有聚集了足够的人力、物力和财力才能进行生产经营。这些行业的出现本身就是生产力发展到较高阶段的产物。这些行业生产经营的特点要求它一出现就必须采取社会化的生产方式。正因为如此，资本家在进行铁路建设的时候，必须采取股份公司的形式。这些行业本身的特点排除了个体劳动者与生产资料相结合进行生产经营的可能性。一般来说，生产经营规模越大，采用的生产技术也就越高，但两者并不是绝对地成正比。目前我国许多企业的生产规模大于发达资本主义国家的一些同行业的企业，但生产技术水平却相对低一些。所以，大规模的生产活动并不能表明生产力发展水平的高低，而只能表明劳动者和生产资料的聚集程度。

第二种情形，修理业、零售商业、饮食业、服务业等行业，适合于小规模的分散性生产经营活动。在这些行业，只要有少量的劳动者和生产资料相结合就可以进行生产经营活动。这就为个体劳动者和生产资料相结合的生产方式的存在提供了客观基础。假如把这些行业变成大规模的生产经营，反而违背了这些行业生产经营的特殊要求，势必降低经营效果并造成巨大的浪费。由于这些行业的生产方式是由它们本身的生产经营特点所决定的，科学技术的进步和生产力水平的提高只是为它们提供了具有更高素质的劳动者和更先进的技术设备，而决不会危及它们的存在。例如在农业生产中，与落后的生产力水平相适应的是靠人力和畜力进行的个体小生产。生产力水平的提高并没有完全改变个体生产方式，而只是为它提供了更先进的生产资料。比如，家用电器修理业是随着科学技术的进步和生产力水平的提高而出现的，然而它的经营方式大都是个体性质的。

第三种情形，建筑、运输、手工业等行业，既可以集中起来大规模地进行生产，又可以小规模地分散进行经营活动，因此没有必要理想化，并强制性地统一为一种生产经营方式。

总之，在生产经营过程中，劳动者和生产资料相结合的生产方式不仅取决于生产力的发展水平，而且和各行业的生产经营特点相关联。正是由于某些行业适宜分散的小规模经营，为个体劳动者和生产资料相结合的生产方式提供了客观基础和可能性，使个体经济经历了多种不同的社会形态而绵延不断。

二、我国社会主义建设中个体经济存在的条件

目前我国社会主义经济建设中个体经济的存在，除了具有上述客观基础以外，还有一些其他条件，主要表现为以下几个方面：

1. 国有企业和集体企业是社会经济活动的主体，但这些企业并没有完全占据社会生活中的一切经济领域。凡是国有企业和集体企业没有参与或进入的行业，或生产经营满足不了社会需要的行业，就必须由其他形式的经济成分来补充。个体经济正是在这些方面起到了拾遗补缺的重要作用。比如自行车修理业就是很好的例证。

2. 我国劳动力资源非常丰富。在农村存在着大量的剩余劳动力，他们完全可以从农业生产中脱离出来从事其他行业的经济活动。在城市的大多数企业中，就业人员已经饱和，待业青年一批又一批的增加，而个体经济却为解决就业问题提供了条件，这已被事实所证明。

3. 在现阶段，劳动还是谋生的手段，人们所进行的各项经济活动都是为了获得相应的物质利益，这就促

使那些具有技术专长的劳动者，在没有其他条件限制的情况下，去从事投资少、见效快，社会上需要但又得不到满足的个体经营活动。

4. 现阶段个体经济的存在和迅速发展，还与党和国家的政策有关。党的十一届三中全会以来，我党清楚地认识到个体经济对整个国民经济和人民生活的重要作用，制定了一系列有关政策，鼓励个体经济的发展。党的十三大报告也明确指出："目前全民所有制以外的其他经济成分，不是发展得太多了，而是还很不够。对于城乡合作经济、个体经济和私营经济，都要继续鼓励它们发展。"这一政策将会更有力地推动我国个体经济的发展和完善。

[原载《理论探索》1988 年第 1 期，与贺建平合作完成]

从新的角度认识社会主义经济中的资本范畴

党的十四届三中全会通过的《中共中央关于建立社会主义市场经济体制若干问题的决定》在论述社会主义市场经济时，正式使用了资本范畴。最近，著名经济学家蒋学模教授和冯子标教授、靳共元教授分别在《经济研究》和《中国社会科学》杂志上撰文，阐述社会主义经济中的资本范畴，认为资本范畴是社会主义经济和资本主义经济的共有范畴，这是我国经济理论研究的一个重大突破。这一突破不是对马克思资本理论的否定，而是我国社会主义实践对马克思资本理论的重大发展。如何认识社会主义经济和资本主义经济中的资本范畴？两者之间的关系如何？要想搞清楚这个问题，必须从一般和特殊的角度认识资本范畴。

一、资本一般与资本特殊

一般与特殊是事物之间存在的共性与特性的关系，事物之间因有共性而相互联系，因有特性而相互区别，共性寓于特性之中，并通过特性表现出来。根据马克思主义这一原理，我们在理解资本范畴时，可以把资本区分为资本一般与资本特殊。

资本一般反映的是各种具体资本形式的共性，是对现实中存在的各种具体资本形式的理论概括，在现实中并不独立存在，只有通过各种具体的资本形式才能表现出来。

资本特殊是指现实社会中存在的各种具体资本形式。可以从不同的角度对资本特殊进行划分。资本特殊不仅反映资本一般的共同要求，还反映各种不同资本形式的特殊要求。资本特殊中各种不同的资本形式因有资本一般的共性而相互联系，因有各自不同的特性而相互区别。

社会主义经济和资本主义经济中的资本范畴是资本特殊的两种具体形式，两者之间因有资本一般的共性而相互联系，因有各自不同的特性而相互区别。所以，在研究社会主义经济和资本主义经济中的资本范畴时，既要看到两者之间的联系，又要看到两者之间的区别，只看到一个方面，或者把两者完全等同或完全对立起来，都是不全面的。

二、资本一般的内涵

资本一般是指给资本所有者带来价值增值的价值，它体现了一定社会的生产关系。这个定义中没有指明资本的具体所有者，也没有表明社会生产关系的性质，因此，它是一个简单和抽象的规定，在资本特殊中，它要转化成为复杂和具体的规定。在资本一般的界定中包含有下述几个方面的本质要求：

1. 资本是一个历史范畴。资本一般的界定中涉及价值范畴，而价值是商品具有的特殊属性，只有在商品经济中才存在，这表明资本是一个与商品经济相联系的经济范畴，并不是在任何社会中都存在的。马克思指出："商品生产和发达的商品流通，即贸易，是资本产生的历史前提。"[①] 只有在商品经济中，才会有价值、货币等范畴。只有一个货币额投入运行过程后，通过劳

① 马克思著：《资本论》第1卷，人民出版社1975年版，第167页。

动者的劳动实现了价值增值，带来了更多的价值，才会出现与之相适应的资本范畴。货币不是资本，但货币“是资本的最初的表现形式”①，没有货币，没有价值增值，更谈不上资本范畴。因此，资本不是一个永恒的经济范畴，而是一个在商品经济社会中存在的经济范畴。只要一个社会以商品经济为其主要经济形式，该社会中就会存在资本范畴。

2. 资本范畴反映了一定社会的生产关系。资本是能够实现价值增值的价值，而价值不是物，它体现着商品生产者之间相互交换商品、相互交换劳动的社会关系。马克思在《资本论》中指出：“当加利阿尼说价值是人和人之间的一种关系时，他还应当补充一句，这是被物的外壳掩盖着的关系。”② 资本范畴包含了价值的这种社会属性。“资本不是物，而是一定的、社会的、属于一定历史社会形态的生产关系，它体现在一个物上，并赋予这个物以特有的社会性质。”③ 资本的社会属性是通过对价值增值部分的占有体现出来的。不同的社会对价值增值部分占有的方式不同，资本反映出的社会生产关系也不同。

3. 资本的运动促进了社会生产力的发展。“一般剩余劳动，作为超过一定的需要量的劳动，必须始终存

① 马克思著：《资本论》第1卷，人民出版社1975年版，第167页。
② 马克思著：《资本论》第1卷，人民出版社1975年版，第91页。
③ 马克思著：《资本论》第3卷，人民出版社1975年版，第920页。

在。”① 它是人类社会不断进步的必要条件，是社会生产力向前发展的物质基础。“为了对偶然事故提供保险，为了保证必要的、同需要的发展以及人口的增长相适应的累进的扩大再生产，就需要一定量的剩余劳动。”② 在自然经济中，剩余劳动表现为剩余产品，在商品经济中，剩余劳动在物质形态上表现为更多的商品，在价值形态上表现为剩余价值，即增值的价值部分。“把价值看作只是劳动时间的凝结，是物化的劳动，这对于认识价值本身具有决定性的意义，同样，把剩余价值看作只是剩余劳动时间的凝结，只是物化的剩余劳动，这对于认识剩余价值也具有决定性的意义。”③“资本只有一种生活本能，这就是增值自身，获取剩余价值，用自己的不变部分即生产资料吮吸尽可能多的剩余劳动。”④ 正是资本的增值本能，有效地促进了社会生产力的发展。正如马克思指出的那样，“资本的文明面之一是，它榨取剩余劳动的方式和条件，同以前的奴隶制、农奴制等形式相比，都更有利于生产力的发展，有利于社会关系的发展，有利于更高级的新形态的各种要素的创造”⑤。

---

① 马克思著：《资本论》第3卷，人民出版社1975年版，第925页。
② 马克思著：《资本论》第3卷，人民出版社1975年版，第925页。
③ 马克思著：《资本论》第1卷，人民出版社1975年版，第243~244页。
④ 马克思著：《资本论》第1卷，人民出版社1975年版，第260页。
⑤ 马克思著：《资本论》第3卷，人民出版社1975年版，第925~926页。

三、资本特殊的不同形式

资本特殊是指现实社会中存在的各种具体的资本形式。从社会经济形态的角度来考察，有与资本主义经济相适应的资本范畴，也有与社会主义经济相适应的资本范畴，两者都是资本特殊的不同表现形式，具有资本一般的共性，也具有自己的特性。

（一）资本主义经济中私有资本的特性

资本主义经济建立在生产资料私有制基础之上，反映其本质特征的资本范畴是私有资本。私有资本是指给资本家个人带来价值增值的价值，它体现着资本主义社会的生产关系。资本一般的本质要求在私有资本中具体表现为：

1. 私有资本是资本主义社会特有的经济范畴。资本范畴存在于商品经济社会中，而资本主义商品经济以生产资料私有制为基础，这就决定了与之相适应的资本形式是私有资本。私有资本在资本主义经济中占据主导地位，反映着资本主义社会特有的生产关系，是资本主义社会特有的资本形式。虽然资本主义经济中还存在着一些其他资本形式，但它们并不起主导作用，也不能反映出资本主义社会特有的生产关系。

2. 私有资本表明了资本主义社会中存在着剥削关系。私有资本在资本主义经济运行过程中实现了价值增值，增值的价值是劳动者的剩余劳动创造的，但这部分价值被私有资本的所有者——资本家占有，用于满足资本家各方面的需要。因此，私有资本体现了资本家对劳动者的剥削关系，表明了资产阶级与无产阶级之间经济利益的对抗性，即资本家获取的价值增值部分越多，劳动者获取的工资就越少，两者之间呈反比例变化。

3. 私有资本的运行产生了双重的结果。由于资本具有增值的属性，私有资本在运行过程中极大地促进了资本主义社会生产力的发展。“资产阶级在它的不到一百年的阶级统治中所创造的生产力，比过去一切世代创造的全部生产力还要多，还要大。”[①] 因此，私有资本使资本家的生产规模不断扩大，使生产社会化程度不断提高。另一方面，私有资本归属于资本家个人所有，带有剥削性质，这就限制了广大劳动者的收入水平，难以调动起劳动者的生产积极性，使社会生产难以进一步发展，这表明私有资本与社会化大生产发生了尖锐的矛盾，只有把私有资本转变为联合资本和社会资本，才能适应社会化大生产发展的客观要求。

---

① 《马克思恩格斯选集》第一卷，人民出版社1972年版，第256页。

（二）社会主义经济中公有资本的特性

社会主义经济建立在生产资料公有制基础之上，反映其本质特征的资本形式是公有资本，包括集体资本和国家资本。公有资本是指给集体和国家带来价值增值的价值，它体现了社会主义社会的生产关系。公有资本是资本特殊的一种形式，不仅包含有资本一般的共性，而且具有自己的特性。

1. 公有资本是社会主义社会特有的经济范畴。社会主义商品经济以生产资料公有制为基础，与公有制本质相适应的资本范畴是公有资本。虽然社会主义经济中存在着如私营企业和外资企业中的私有资本，但占主导地位的是公有资本。公有资本只表明资本所有权归国家或集体所有，并不意味着资本所有者直接行使资本的使用权，公有资本在实际运行过程中可以有多种经营方式。

2. 公有资本体现了社会主义社会的生产关系。公有资本在社会主义经济运行过程中实现了价值增值，增值的价值是劳动者的剩余劳动创造的，虽然这部分价值不直接归劳动者占有，而是归公有资本的所有者——集体或国家所有，但集体和国家代表着广大劳动者的共同利益，把增值的价值用于扩大生产规模和技术改造，用于改善劳动者的各种福利待遇，用于满足社会的共同需要，这些都与劳动者的切身利益密切相关，与社会的长远发展密切相关。因此，公有资本体现了“取之于劳动者，用之于劳动者”的原则，体现了劳动者之间相互平等的关系，体现了劳动者、企业、国家之间根本利益的一致性，这是一种新型的生产关系。

3. 公有资本的运行有效地促进了社会主义经济的发展。公有资本使劳动者处于平等的地位，消除了人剥削人的现象，能够把广大劳动者的生产积极性调动起来，这是社会主义经济快速发展的一个重要条件。公有资本把资本的增值性和资本的公有性结合在一起，不仅适应了社会化大生产发展的客观要求，而且使集体和国家掌握的资本量不断增大，为生产的发展和人民生活的改善提供了必要的物质基础，为社会生产力的发展开辟了广阔的前景。

由上述分析可以看出，在研究资本范畴时，不仅要搞清资本一般与资本特殊之间的关系，还要搞清资本特殊中不同资本形式之间的关系。只有这样，才能全面、正确地理解社会主义经济中的资本范畴，才能充分发挥出资本对社会主义经济发展的促进作用。

［原载《经济问题》1995 年第 2 期，中国人民大学复印报刊资料《社会主义经济理论与实践》1995 年第 4 期全文转载］

主要参考文献

[1] 胡锦涛:“在省部级主要领导干部提高构建社会主义和谐社会能力专题研讨班上的讲话”,《光明日报》2005 年 6 月 27 日。

[2] 李君如:“和谐社会问题研究笔记”,《毛泽东邓小平理论研究》2005 年第 4 期。

[3] 陈宗胜、周云波著:《再论改革与发展中的收入分配》, 经济科学出版社 2002 年版。

[4] 赵人伟、李实、卡尔·李思勤主编:《中国居民收入分配再研究》, 中国财政经济出版社 1999 年版。

[5] 张问敏、宋光茂、郑红亮、王利民、詹小洪编:《中国经济大论战(第二辑)》, 经济管理出版社 1997 年版。

[6] 杨宜勇著:《公平与效率——当代中国的收入分配问题》, 今日中国出版社 1997 年版。

[7] 汝信、陆学艺、李培林主编:《中国社会形势分析与预测》, 社会科学文献出版社(历年)。

［8］朱光磊著：《中国的贫富差距与政府调控》，上海三联书店2002年版。

［9］卢嘉瑞著：《中国现阶段收入分配差距问题研究》，人民出版社2003年版。

［10］赵满华、王尚义主编：《收入差距与两极分化问题研究》，中国经济出版社2002年版。

［11］李培林、朱庆芳著：《中国小康社会》，社会科学文献出版社2003年版。

［12］王光伟主编：《全面建设小康社会百问》，人民出版社2002年版。

［13］赖德胜："收入分配的宏观调控"，《经济学动态》1999年第8期。

［14］高国顺："试析适度的收入差距"，《理论月刊》2001年第4期。

［15］赵满华主编：《中国城乡收入差距研究》，经济管理出版社1997年版。

［16］高书生著：《中国收入分配体制改革20年》，中州出版社1998年版。

［17］张平著：《增长与分享——居民收入分配理论和实证》，社会科学文献出版社2003年版。

［18］张作云、陆燕春著：《我国现阶段收入分配问题的理论思考》，中国经济出版社2007年版。

［19］武彦民、黄凤羽主编：《中国个人收入分配的现状与对策》，中国财政经济出版社2003年版。

[20] 张素芳："建设效率与公平统一的和谐社会"，《求是》2005年第6期。

[21] 盛来运："对当前及今后一个时期农民收入增长问题的思考"，《中国农村经济》2000年第11期。

[22] 覃巍："农民收入问题研究述评"，《经济学动态》2001第5期。

[23] 关付新："科学发展观视角下的农民收入问题研究"，《中州学刊》2008第6期。

[24] 张凤龙、藏良："农民收入结构变化研究"，《经济纵横》2007年第7期。

[25] 王洪亮、徐翔、张利国："农民收入增长的实证分析"，《农业经济》2005年第1期。

[26] 林秀梅、刘玉玲、何英凯："我国农民收入结构及收入增长状况分析"，《税务与经济》2002年第6期。

[27] 国家统计局：《中国统计年鉴（历年）》，中国统计出版社。

[28] 国家统计局："全国第一次经济普查公报"，《光明日报》2005年12月7日。

后　　记

马克思有句名言："人们奋斗所争取的一切，都同他们的利益有关。"个人收入分配问题直接涉及人们的切身利益，因而是一个极为复杂而又非常现实的问题。我国经济体制改革以及社会主义市场经济体制建立和完善的过程，就是直接或间接对经济利益进行调整的过程，也是对个人收入分配直接或间接进行调整的过程。

我的《中国特色社会主义收入分配问题研究》一书，对按劳分配理论、收入差距与公平分配、劳动就业等问题进行了初步的探讨，可以说，这些探讨只是个人收入分配研究中几个比较重要的方面，并没有囊括全部内容，有许多现实经济生活中需要研究和解决的问题还没有涉及。特别是本书的内容是作者近年来发表的一些论文，此次结集出版只对个别文字、脚注和文献资料进行了删改和补充，这虽然显现了理论研究的过程和痕迹，但从现在的角度来看，有些数据不是最新，个别观点或提法仍需进一步探讨，各篇论文之间的逻辑顺序也不是很强，请读者多多见谅并批评指正。

在我的学术研究生涯中，除了我的研究生导师以外，山西省经济学界知名学者周学增教授、冯子标教授、王致胜教授、靳共元教授、邸敏学教授等给予了我极大的关怀和帮助，我铭记心中。

本书的出版得到太原师范学院的资助，得到中国财政经济出版社的大力支持，特别是在编辑出版过程中，周桂元编审提出了许多宝贵意见，在此一并表示衷心的感谢。

赵满华

2009 年 12 月 30 日